依據國教院最新「國民小學科技教育及資訊教育課程發展參考說

課別	課程名稱	統整課程	學習重點
一	大家來認識簡報	藝術 綜合活動	資議 t-II-1 體驗常見的資訊系統。 資議 a-II-1 感受資訊科技於日常生活之重要性。 藝 1-II-6 能使用視覺元素與想像力，豐富創作主題。 綜 1a-II-1 展現自己能力、興趣與長處，並表達自己的想法和感受。
二	地震保命三步驟	藝術 綜合活動	資議 t-II-1 體驗常見的資訊系統。 資議 a-II-3 領會資訊倫理的重要性。 資議 p-II-1 認識以資訊科技溝通的方法。 藝 1-II-6 能使用視覺元素與想像力，豐富創作主題。 綜 3a-II-1 覺察生活中潛藏危機的情境，提出並演練減低或避免危險的方法。
三	校外教學 Let's Go	英語文 藝術	資議 t-II-2 體會資訊科技解決問題的過程。 資議 p-II-2 描述數位資源的整理方法。 資議 a-II-4 體會學習資訊科技的樂趣。 英 2-II-5 能使用簡易的日常生活用語。 藝 2-II-5 能觀察生活物件與藝術作品，並珍視自己與他人的創作。 藝 1-II-6 能使用視覺元素與想像力，豐富創作主題。
四	節能減碳做環保	自然科學 藝術	資議 p-II-2 描述數位資源的整理方法。 資議 t-II-3 認識以運算思維解決問題的過程。 自 pa-II-1 能運用簡單分類、製作圖表等方法，整理已有資訊或數據。 藝 1-II-6 能使用視覺元素與想像力，豐富創作主題。
五	個資保護不上當	藝術 綜合活動	資議 a-II-4 體會學習資訊科技的樂趣。 藝 1-II-6 能使用視覺元素與想像力，豐富創作主題。 綜 3a-II-1 覺察生活中潛藏危機的情境，提出並演練減低或避免危險的方法。
六	我是英語小博士	英語文 藝術	資議 c-II-1 體驗運用科技與他人互動及合作的方法。 資議 a-II-4 體會學習資訊科技的樂趣。 英 2-II-5 能使用簡易的日常生活用語。 英 7-II-1 善用預習、複習強化學習效果。 英 7-II-2 能妥善運用情境中的非語言訊息以幫助學習。 藝 1-II-6 能使用視覺元素與想像力，豐富創作主題。
七	超酷的臺灣民俗	社會 綜合活動	資議 t-II-2 體會資訊科技解決問題的過程。 資議 p-II-2 描述數位資源的整理方法。 資議 a-II-3 領會資訊倫理的重要性。 社 2a-II-1 表達對居住地方社會事物與環境的關懷。 社 3b-II-1 透過適當的管道蒐集與學習主題相關的資料，並判讀其正確性。 綜 1b-II-1 選擇合宜的學習方法，落實學習行動。
八	太陽系家族大探索	國語文 自然科學	資議 t-II-2 體會資訊科技解決問題的過程。 資議 p-II-2 描述數位資源的整理方法。 資議 p-II-3 舉例說明以資訊科技分享資源的方法。 國 6-II-3 學習審題、立意、選材、組織等寫作步驟。 國 5-II-11 閱讀多元文本，以認識議題。 自 pa-II-1 能運用簡單分類、製作圖表等方法，整理已有資訊或數據。

本書學習資源

行動學習電子書

影音、動畫・高品質教學

完全教學網站

單元	頁次	教學與學習活動
1-1	P8	大家來認識簡報
1-2	P10	常見的簡報製作軟體
1-3	P11	製作簡報的流程
1-4	P12	認識 PowerPoint 操作介面
1-5	P14	小試身手做簡報-我的寵物
簡報加油站	P24	常見的簡報檔案格式
1-6	P25	大展身手秀簡報-觀摩簡報
我是高手	P28	快速變換圖片
	P28	練功囉

模擬介面・互動學習

測驗遊戲・總結性評量

根據十二年國教新課綱編寫，統整式課程設計。

校園國小

全書範例

| 第6課 | 第7課 | 第8課 |

識簡報

- 簡報可以做什麼
- 製作簡報的流程
- 套用佈景主題
- 輸入文字與設定格式
- 插入圖片與播放簡報

▶ 全課播放

課程資源	播放檔	時間
懂簡報 能做什麼	▶	00:45
	▶	00:50
	▶	01:21
識 PowerPoint 2021 介面	▶	03:04
	▶	06:27
	▶	00:40
	▶	00:32
練習圖庫	-	-
遊戲	-	-

課程遊戲·高學習動機

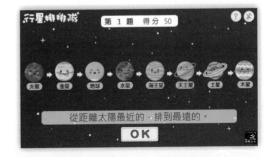

範例練習用圖庫·延伸學習·個別差異

範本

GIF動畫

相框

卡通人物

03

目 錄

統 整 課 程

① 大家來認識簡報 - 認識簡報與 PowerPoint

藝 術　綜 合

1 大家來認識簡報 ⋯⋯⋯⋯⋯⋯ 08
2 常見的簡報製作軟體 ⋯⋯⋯⋯ 10
3 製作簡報的流程 ⋯⋯⋯⋯⋯⋯ 11
4 認識 PowerPoint 操作介面 ⋯⋯ 12
5 小試身手做簡報 - 我的寵物 ⋯ 14
簡報加油站 - 常見的簡報檔案格式 24
簡報加油站 - 雲端硬碟的應用 ⋯ 24
6 大展身手秀簡報 - 觀摩簡報 ⋯ 25
我是高手 - 快速變換圖片 ⋯⋯ 28

② 地震保命三步驟 - 套用範本與版面設計

藝 術　綜 合

1 我是簡報設計師 ⋯⋯⋯⋯⋯⋯ 30
2 簡報設計要領 ⋯⋯⋯⋯⋯⋯⋯ 31
3 套用範本與文字快速樣式 ⋯⋯ 32
4 編輯內頁 - 地震簡介 ⋯⋯⋯⋯ 38
5 新增投影片與製作小標題 ⋯⋯ 40
6 讓文字更有條理 - 項目符號 ⋯ 41
7 輕鬆再製內頁 - 複製投影片與修改 44
懂更多 - 插入線上影片 ⋯⋯⋯ 47
8 上台做簡報 ⋯⋯⋯⋯⋯⋯⋯⋯ 48
我是高手 - 大家一起做環保 ⋯ 49

③ 校外教學 Let's Go - 動態影音相簿

英 語　藝 術

1 生活與分享 - 創意相簿簡報 ⋯ 52

② 創意的圖文設計 ⸺⸺⸺⸺⸺ 53

③ 封面設計 - 標題與圖片效果 ⸺⸺⸺ 56

④ 內頁設計 - 圖層、剪裁與群組 ⸺⸺ 60

⑤ 內頁標題 - 中英混用介紹更有趣 ⸺ 64

🔋 簡報加油站 - 中翻英 ⸺⸺⸺⸺ 67

⑥ 圖片樣式魔法師 ⸺⸺⸺⸺⸺ 68

⑦ 檔案共享與使用 - 插入外部投影片 ⸺ 70

⑧ 轉場特效與背景音樂 ⸺⸺⸺⸺ 72

👦 我是高手 - 更換相框加轉場特效 ⸺ 75

4 節能減碳做環保 - SmartArt 與網頁超連結

自然科學　藝術

① 宣導簡報也可以不枯燥 ⸺⸺⸺⸺ 78

② 切題的主視覺 - 圖案與圖片的組合 ⸺ 79

③ 用 SmartArt 讓資訊更易懂 ⸺⸺ 86

④ 更多資訊看這裡 - 網頁超連結 ⸺⸺ 91

👦 我是高手 - 製作 SmartArt ⸺⸺ 93

5 個資保護不上當 - 編劇與物件動畫

藝術　綜合

① 動漫簡報 - 一圖解千文 ⸺⸺⸺⸺ 96

② 腳本設計的秘訣 ⸺⸺⸺⸺⸺ 97

③ 搭起表演舞台 - 人物與劇情 ⸺⸺ 98

④ 演員說話囉 - 圖說文字 ⸺⸺⸺ 100

⑤ 動漫簡報開麥拉 - 自訂動畫 ⸺⸺ 104

⑥ 簡報變影片 ⸺⸺⸺⸺⸺⸺ 108

👦 我是高手 - 新增動畫 ⸺⸺⸺⸺ 109

💡 懂更多 - 插入【3D 模型】⸺⸺⸺ 109

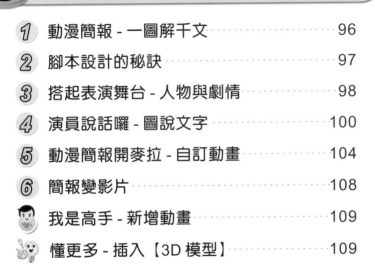

6 我是英語小博士 - 互動問答遊戲　　　英語　藝術

1 簡報也能和觀眾互動 ⋯⋯⋯⋯⋯ 112
2 問答遊戲的規劃要領 ⋯⋯⋯⋯⋯ 113
3 設計問答互動 ⋯⋯⋯⋯⋯⋯⋯ 114
4 按鈕設計 ⋯⋯⋯⋯⋯⋯⋯⋯⋯ 118
5 頁面切換設定 - 互動連結 ⋯⋯⋯ 119
　我是高手 - 設定頁面互動連結 ⋯⋯ 125

7 超酷的臺灣民俗 - 母片編輯與網路資源　　　社會　綜合

1 臺灣特有民俗 - 專題介紹 ⋯⋯⋯ 128
2 版面造型師 - 母片設計 ⋯⋯⋯⋯ 131
3 對齊與均分 - 乖乖排排站 ⋯⋯⋯ 136
4 網路幫幫忙 - 擷取網頁文字與圖片 ⋯⋯ 138
5 圖片裁剪成圖形 ⋯⋯⋯⋯⋯⋯ 141
　我是高手 - 加上創用 CC 的授權標示 ⋯ 143

8 太陽系家族大探索 - 專題報告　　　國語　自然科學

1 認識我們的太陽系 ⋯⋯⋯⋯⋯ 146
2 用 Word 撰寫大綱與內文 ⋯⋯⋯ 148
3 從大綱匯入文件檔 ⋯⋯⋯⋯⋯ 149
4 圖表與表格 - 複雜資料簡單化 ⋯⋯ 152
　簡報加油站 - 雲端硬碟與 Google 簡報 157
　我是高手 - 觀摩其他專題報告 ⋯⋯ 158

1 大家來認識簡報

- 認識簡報與 PowerPoint

統整課程

藝術　綜合　品德教育　環境教育

核心概念

◎ 能認識常用的資訊科技工具與使用方法
◎ 數位資料的表示方法
◎ 了解並欣賞科技在藝術創作上的應用

課程重點

◎ 知道簡報可以做什麼
◎ 了解製作簡報的流程
◎ 學會套用佈景主題
◎ 練習輸入文字與設定格式
◎ 學會插入圖片
◎ 學會播放簡報

大家來認識簡報

【簡報】就是根據主題，將蒐集到的資料，加上圖片、動畫、轉場特效、聲音...，用簡單明瞭、易懂的方式做報告！

用簡報可以做什麼

寫報告、做專題

生活分享

互動問答遊戲

雲端運用
(共用、存取、編輯)

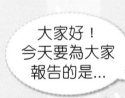

大家好!
今天要為大家
報告的是...

四格動漫

訓練表達與溝通能力

常見的簡報製作軟體

常見的簡報製作軟體有【PowerPoint】、【Impress】與【Google 簡報】。

PowerPoint

【PowerPoint】是微軟 Office 系列中的簡報軟體，本書使用的版本是【Office 2021】。

目前 PowerPoint 的使用者比較多！

Impress

LibreOffice 系列的簡報軟體叫【Impress】。它是免費的自由軟體，功能與PowerPoint頗為類似。

Google 簡報

是【Google】提供的線上簡報服務。免安裝軟體，以 Google 帳號登入，就可在任何能上網的電腦使用。

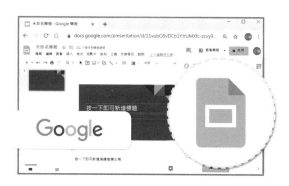

③ 製作簡報的流程

遵循以下的流程，就可以依照主題，製作出清楚、簡潔的簡報喔！

1 確立主題

根據目的訂定主題，例如：防疫大作戰。

2 規劃大綱與內容

列出想要呈現的項目、頁數與內容。

3 蒐集、整理(製作)資料

蒐集資料(圖片、文字、聲音、影片)，彙整到資料夾。

4 使用軟體編輯簡報

輸入文字，插入圖片，設定動畫、轉場效果，讓簡報更生動。

標題與內容文字，可先構思好，然後在 PowerPoint 中輸入，或是用文書軟體(例如 Word)打好備用。

蒐集資料時，要注意尊重智慧財產權喔！

認識 PowerPoint 操作介面

按【 / 所有應用程式】，點選 PowerPoint ，啟動軟體。

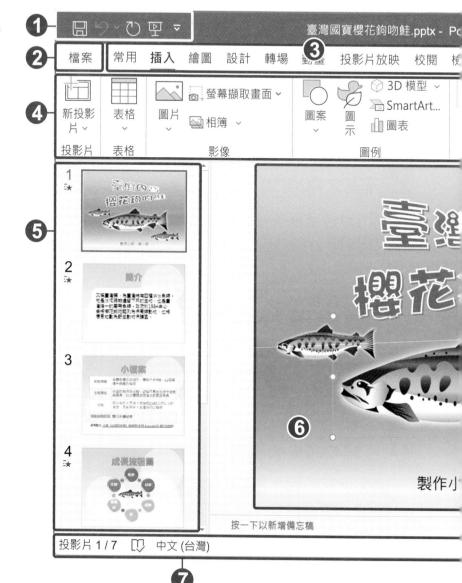

1 快速存取工具列

可將常用按鈕放置於此，快速選用

2 檔案鈕

新增、開啟舊檔、儲存檔案...等

3 功能標籤

常用、插入、設計...等標籤

4 功能按鈕

對應標籤，顯示功能按鈕

5 縮圖區

顯示投影片縮圖

6 編輯區

編輯簡報的地方

7 狀態列

顯示投影片張數等資訊，按可開啟/關閉備忘稿

開啟【認識介面】多媒體
來玩玩看，可以加深印象喔！

8 特殊鈕

Ⓐ 隱藏【功能按鈕】
按 ∧ 或 Ctrl + F1

Ⓑ 顯示【功能按鈕】
再按 Ctrl + F1 ，
或按 田 ，點選 ▦

自動隱藏功能區(A)
隱藏功能區。若要顯示功能區，
請點應用程式頂端。

顯示索引標籤(B)
僅顯示功能區索引標籤。若要顯
示命令，請按一下索引標籤。

顯示索引標籤和命令(O)
一律顯示功能區索引標籤和命
令。

9 工作窗格

針對物件的細項設定

10 檢視鈕

切換各種檢視模式
回 標準
品 投影片瀏覽
▤ 閱讀檢視
早 投影片放映

11 顯示比例

按 + 與 − 調整顯示比例；按 ⊕
可依目前視窗調整投影片大小

PowerPoint 的功能按鈕，會因使用
者開啟的視窗大小不同，而呈現出
不同大小的按鈕圖形。

5 小試身手做簡報－我的寵物

相信大家對於製作簡報，應該有基本概念了。這一節就讓我們小試身手，製作一份簡單的我的寵物介紹吧！

◎ 新增空白簡報與輸入文字

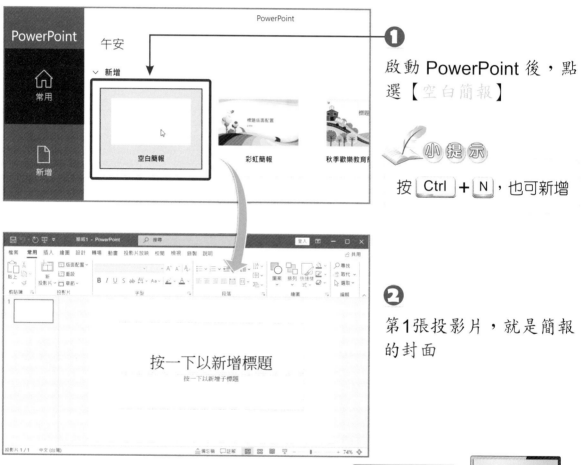

1 啟動 PowerPoint 後，點選【空白簡報】

小提示

按 Ctrl + N，也可新增

2 第1張投影片，就是簡報的封面

老師說

PowerPoint 的投影片常見的比例有兩種：16:9 (寬螢幕) 及 4:3 (標準) ；你也可以選擇【自訂投影片大小】，製作不同比例的簡報。

製作簡報時，以符合自己電腦螢幕的比例，來調整投影片大小，讓投影片播放時能滿版呈現、效果更佳喔！

❸ 變更投影片大小

按【設計】標籤，再按【投影片大小】，點選【標準 (4:3)】

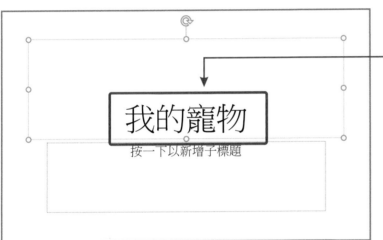

❹ 輸入標題文字

點一下 按一下以新增標題 輸入【我的寵物】

❺ 輸入子標題文字

點一下 按一下以新增子標題 輸入寵物資料

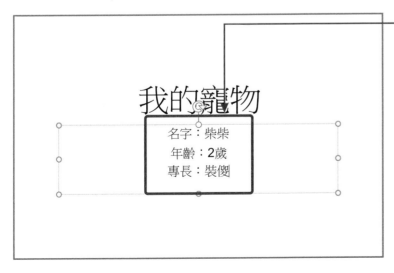

最後到文字框外的空白處點一下，完成輸入

◎ 開啓練習小檔案 (開啓舊檔)

為了讓學習有效率，如果還沒完成輸入寵物的資料，直接開啓事先打好内容的練習小檔案，來繼續做練習吧！

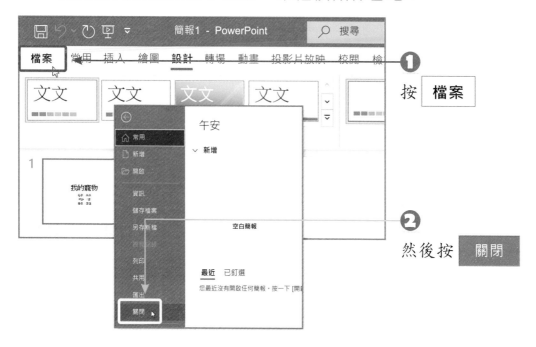

① 按 檔案

② 然後按 關閉

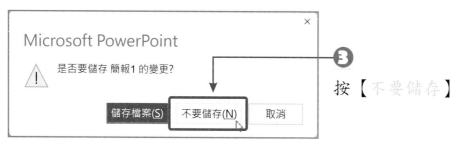

③ 按【不要儲存】

④ 按 檔案 → 開啟 ，
再按 📂瀏覽

❺

點選老師指定的範例檔案，按【開啟】

(01-練習小檔案.pptx)

練習小檔案，
學習有效率！

你也可以修改成自家
的寵物資料喔！

🎯 套用佈景主題

套用內建的佈景主題，可以快速完成版面設計，快來試試看！

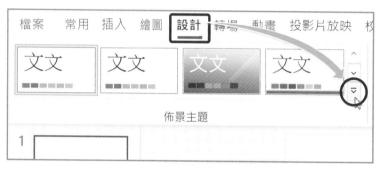

❶ 按【設計】，再按佈景主題的 ⌄

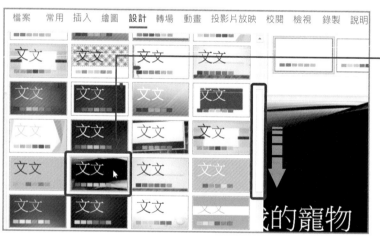

❷ 拖曳捲軸，點選樣式 (飛機雲)

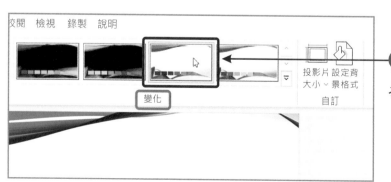

❸ 接著點選圖示佈景變化

設定文字格式

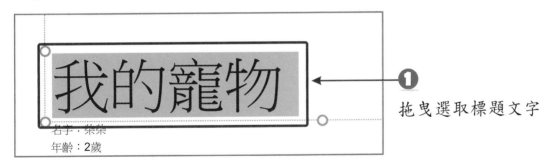

❶ 拖曳選取標題文字

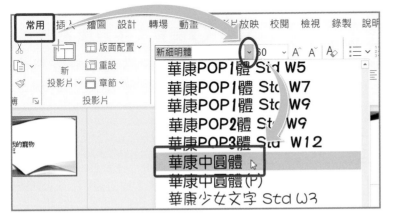

❷ 按【常用】，再按字型的 ☑，點選【華康中圓體】

> 選取文字後，也會出現一個迷你工具列，方便設定
>

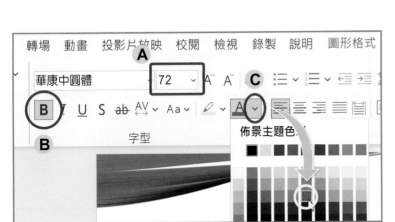

❸ 接著設定：

Ⓐ 字型大小 - 72

Ⓑ 粗體 B

Ⓒ 按色彩 A☑，點選 ■

❹ 先點一下內容文字，再點一下框線 (選取文字方塊)

5

設定：
字型 - 華康中圓體
大小 - 36

6 調整文字方塊大小

拖曳 ○ 控點，縮放方塊大小，到約符合文字區域

7

使用相同方法調整標題，並按住 Shift 鍵，點一下內文，複選文字方塊

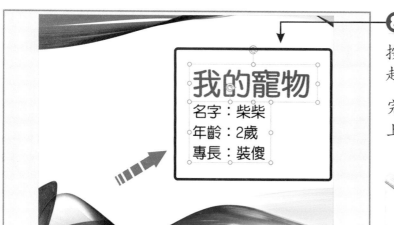

8

按住框線，拖曳方塊，一起移動到右上方

完成後，在文字外的背景上點一下，取消選取

 小提示

有需要的話，可個別點選文字方塊，微調位置。

插入圖片與安排位置

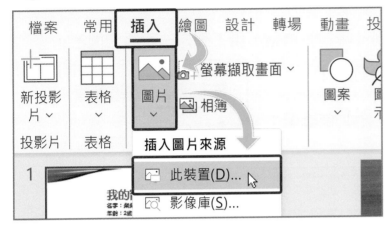

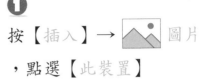

❶

按【插入】→ 圖片，點選【此裝置】

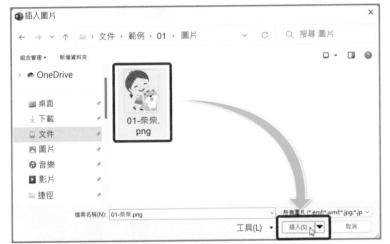

❷

點選老師指定圖片，按【插入】

小提示

你也可以開啟本課【進階練習圖庫】，點選適合寵物的圖片喔！

❸

拖曳圖片到大約如圖示位置，然後取消選取

小提示

游標移到圖片上變成 ✛ 時，按住左鍵拖曳移動。

有需要的話，可拖曳圖片框的控點，縮放或旋轉圖片喔！

⬇

↗↘ 等比例縮放　⟷ 左右縮放　↕ 上下縮放　↻ 旋轉

畫一個發光的小愛心

如果在你的視窗上看不到【繪圖】標籤，用下列方法可將它開啓：

按【檔案】→【選項】，點選【自訂功能區】→ 勾選【繪圖】，最後再按【確定】，就會出現【繪圖】標籤囉！

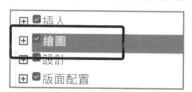

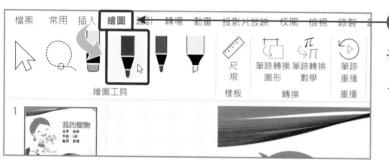

① 按【繪圖】標籤，然後按一下

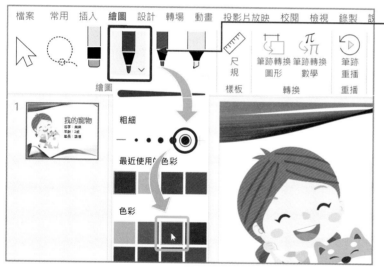

② 再按一次 📝，點選圖示粗細與顏色

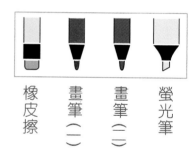

橡皮擦　畫筆（一）　畫筆（二）　螢光筆

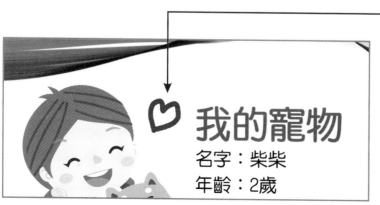

我的寵物
名字：柴柴
年齡：2歲

③ 接著到圖示位置，按住左鍵，畫一個愛心吧！

小提示

畫得不滿意，隨時可以按 Ctrl + Z 復原後，再重畫喔！

變換畫筆顏色，在愛心周圍繼續畫出閃亮光芒

小提示

完成塗鴉後，再按一下 ⌖，離開繪圖狀態。

(使用 ⌖ 也可以點選塗鴉的圖案來移動、縮放或刪除它喔！)

練習至此，這份我的寵物簡報就完成囉！

儲存 (另存新檔)

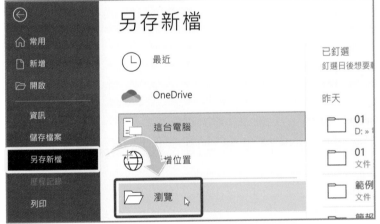

❶ 按 檔案 → 另存新檔 → 瀏覽

❷ 開啟儲存位置(或老師指定資料夾)，可自訂名稱，然後按【儲存】

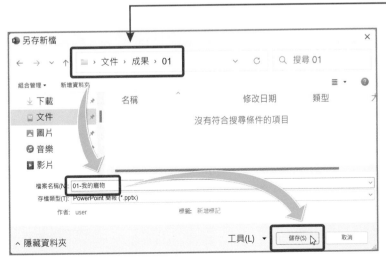

小提示

存檔類型預設是【pptx】：

| 檔案名稱(N): | 01-我的寵物 |
| 存檔類型(T): | PowerPoint 簡報 (*.pptx) |

簡報加油站 常見的簡報檔案格式

檔案格式	檔案屬性
.pptx	新版 PowerPoint 2021/2019/2016/2013 預設格式
.ppt	舊版 PowerPoint 97-2007 預設格式
.ppsx	新版 PowerPoint 2021/2019/2016/2013 播放檔
.odp	LibreOffice Impress 簡報檔

簡報加油站 雲端硬碟的應用

PowerPoint 2021 支援使用 OneDrive 雲端硬碟 與 Google 雲端硬碟 存取：只要能上網，就可隨時隨地透過雲端共用、存取與編輯。

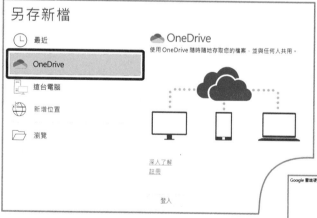

使用雲端硬碟存取，需註冊 / 登入帳號後，才能在電腦、平板與手機上同步存取。

也可以選擇下載、安裝 Google 雲端硬碟 電腦版軟體來使用喔！

6 大展身手秀簡報 - 觀摩簡報

認識投影片

簡報中一頁頁的文件，稱為【投影片】；因早期的簡報是用實體『投影幻燈片』，所以現在這些頁面，我們也統稱為【投影片】。

投影片

咦？
什麼是母片？

關於母片，
在第7課
就能學到囉！

已設定好母片、版面，並預先加入各式物件的簡報檔案，就是【範本】。開啟範本，稍加編修，就可快速完成簡報喔！

(PowerPoint 2021 有超多範本可以選用喔！)

◎ 觀摩簡報

按 檔案 → 開啟 (或快速鍵 Ctrl + O)，開啟老師準備的檔案，來觀摩一下精緻完整、生動活潑的簡報吧！

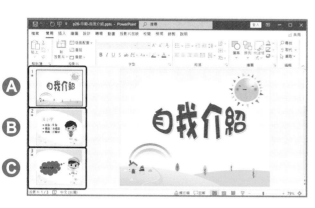
這是 3 張投影片構成的簡報。點選左方投影片縮圖，就能在編輯區中看到該投影片頁面。

Ⓐ 第1張投影片：簡報封面

Ⓑ 第2張投影片：簡報內容

Ⓒ 第3張投影片：簡報結語

播放簡報

檢視過投影片，一起來觀摩播放看看吧！(簡報可以有動畫效果喔！)

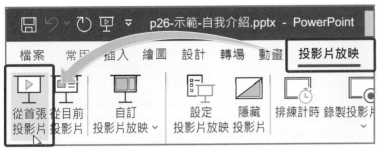

❶ 按【投影片放映/從首張投影片】或 F5，從第一張投影片開始全螢幕播放

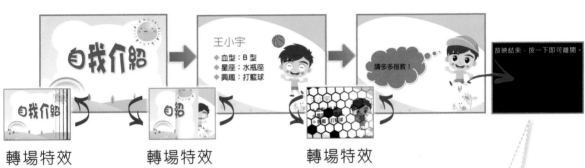

轉場特效　　　　轉場特效　　　　轉場特效

播放下一張投影片

使用按鍵：
- 按 Enter ，或
- 按 PgDn ，或
- 按 ↓

使用滑鼠：
- 按滑鼠左鍵

播放上一張投影片

使用按鍵：
- 按 PgUp ，或
- 按 ↑

使用滑鼠：
- 向上、向下滑動滑鼠滾輪

結束播放

按一下滑鼠左鍵，結束播放

播放中，可按 Esc 或按滑鼠右鍵，點選【結束放映】。

下一課，就要進入正式的簡報製作囉！

我是高手　快速變換圖片

開啟本單元練習檔案，修改一下自我介紹資料，再試著更換符合興趣的圖片，完成一份屬於自己的自我介紹吧！

示範參考

【進階練習圖庫】有許多圖片，可讓你練習使用喔！

小提示：

點選圖片，按【圖片格式】標籤，點選  【變更圖片 / 從檔案】，即可快速變更圖片喔！

練功囉

( )1 簡報的內容，要注意？

　　1. 簡單明瞭　　　2. 文字越多越好　　3. 越花俏越好

( )2 下面哪一個是製作簡報的軟體？

　　1. Word　　　　　2. Excel　　　　　3. PowerPoint

( )3 想套用佈景主題，要按哪個標籤？

　　1. 常用　　　　　2. 設計　　　　　3. 插入

( )4 下面哪個是簡報檔格式？

　　1. pptx　　　　　2. docx　　　　　3. mp3

2 地震保命三步驟

－ 套用範本與版面設計

統整課程

藝術　綜合　防災教育　安全教育

核心概念

◎ 能認識與使用資訊科技以表達想法

◎ 能利用資訊科技分享學習資源與心得

◎ 具備科技表達與運算思維的基本素養

課程重點

◎ 知道製作簡報的技巧與過程

◎ 了解版面設計要領

◎ 學會套用範本與文字快速樣式

◎ 練習新增與複製投影片

◎ 學會設定項目符號

◎ 知道如何上台做簡報

我是簡報設計師

簡報是需要裝扮美化的！就像穿著打扮一樣，美化文字、加上圖片、轉場特效、物件動畫，就能夠讓簡報活潑生動、引人注目喔！

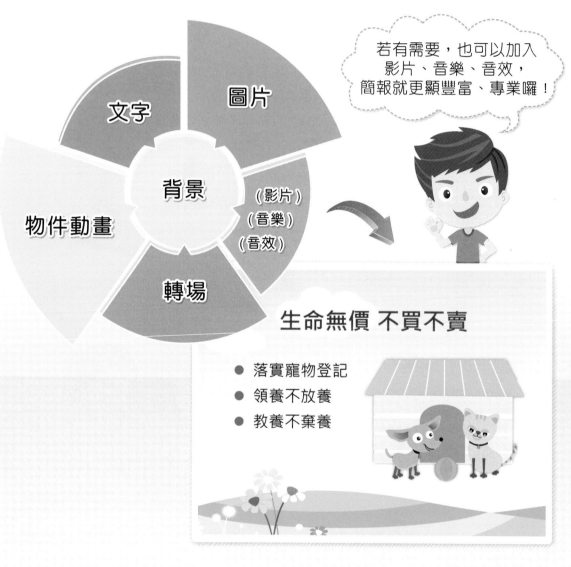

若有需要，也可以加入影片、音樂、音效，簡報就更顯豐富、專業囉！

轉場特效　　　　　　轉場特效　　　　　　物件動畫

2 簡報設計要領

設計美觀、符合主題的簡報版面，最基本的要領就是：

大又清楚的標題

小又難以閱讀的標題

切合主題的圖片

與主題無關的圖片

簡潔有秩序的內容

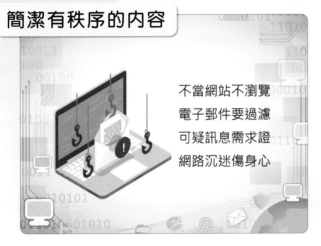

物件太多、編排雜亂

套用範本與文字快速樣式

臺灣地震頻繁,當地震來時,該怎麼正確應變呢?本課就讓我們設計一份含封面與四張內頁的【地震保命三步驟】宣導簡報吧!

封面

套用快速樣式

套用範本

項目符號

內頁一

地震多由地殼運動、火山活動所引起,而臺灣正位處於地殼板塊交界處,所以地震特別多!

當地震來時,應立即循序進行以下三步驟,來保護自己。

內頁二

趴下
掩護
穩住

複製投影片

內頁三

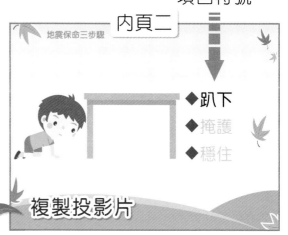

修改

趴下
掩護
穩住

複製投影片

內頁四

修改

趴下
掩護
穩住

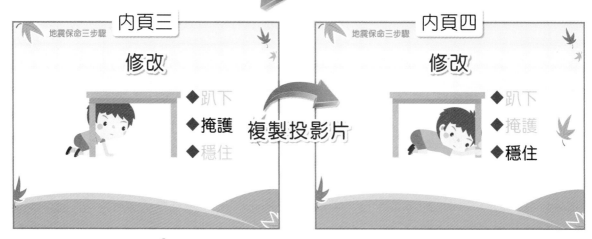

套用範本

套用 PowerPoint 的範本，可以快速建立簡報！快來試試！

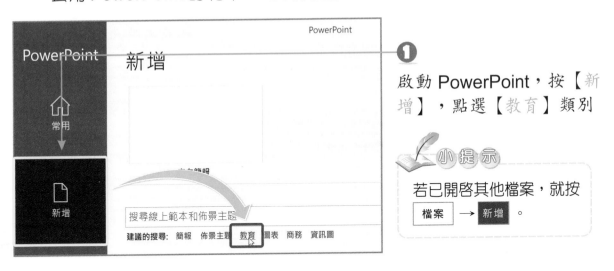

①

啟動 PowerPoint，按【新增】，點選【教育】類別

小提示

若已開啟其他檔案，就按 檔案 → 新增 。

②

找到並點選圖示範本

秋季歡樂教育簡報 (寬螢幕)

小提示

網路資料瞬息萬變，如果找不到一樣的範本，可以挑選你喜歡的來做練習。

③

按 【建立】

❹

此範本已設定好背景、文字格式、版面配置與轉場，再依需要來自行修改

小提示

拖曳分隔線，可調整縮圖與編輯區大小。

❺

按【設計】標籤，再按【投影片大小】，點選【標準 (4:3)】

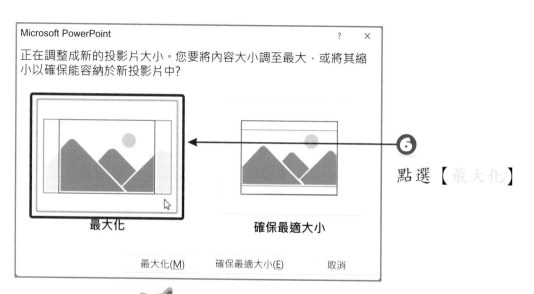

❻

點選【最大化】

◎ 刪除不要的投影片

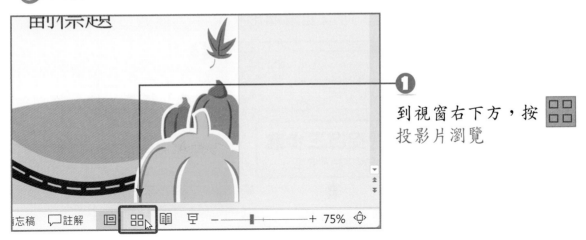

① 到視窗右下方，按 ⊞ 投影片瀏覽

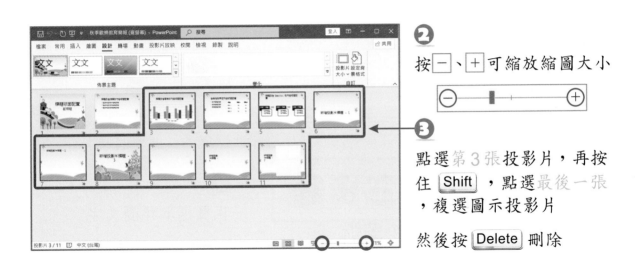

② 按 ⊟、⊞ 可縮放縮圖大小

③ 點選第 3 張投影片，再按住 Shift ，點選最後一張，複選圖示投影片

然後按 Delete 刪除

④ 按 🔲 回到標準模式

◎ 套用文字快速樣式做標題

在文字上套用快速樣式，可以變成圖形化文字，很適合拿來做標題。

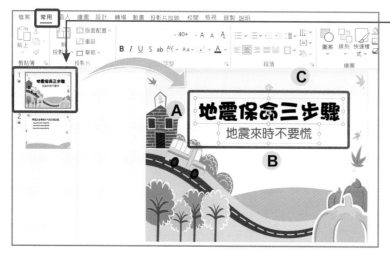

文字內容，可從老師提供的文字檔，複製、貼上。

1

點選第一張投影片，按【常用】標籤，輸入標題與副標題：

A 標題字型：華康海報體 Std W12 / 大小 - 66
(拖曳框線的控點，盡量符合文字大小)

B 副標題字型：華康中圓體 / 大小 - 40

C 複選這兩個文字方塊，拖曳移動到約圖示位置

小提示

如何複選文字方塊，在第 1 課就學過囉！

2

拖曳選取標題文字

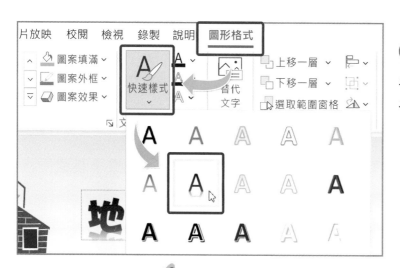

3

按【圖形格式】標籤，再按【快速樣式】，點選圖示或你喜歡的樣式

❹

在編輯區外空白處點一下，取消選取，就完成標題的製作囉！

🎯 插入圖片

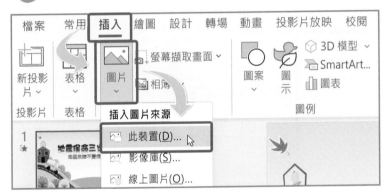

❶

按【插入】標籤，再按【圖片 / 此裝置】，插入老師指定的插圖
(02-驚恐的人-a.png)

❷

拖曳四個角的 ○ 控點，等比例放大圖片，並安排位置如圖示

封面設計完成了，按【檔案 / 儲存檔案 (或另存新檔)】，預先儲存一下目前的成果吧！

編輯內頁 - 地震簡介

要開始編輯內頁囉！讓我們在第二張投影片上 (內頁一) 製作一篇
引言 - 地震的發生原因、並帶出保命三步驟的重要性吧！

◎ 刪除不要的物件

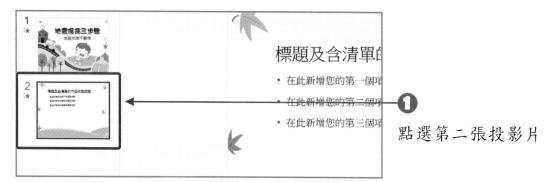

1 點選第二張投影片

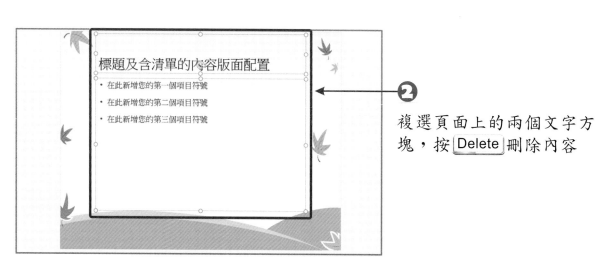

2 複選頁面上的兩個文字方塊，按 Delete 刪除內容

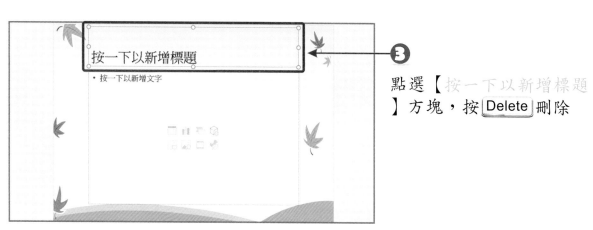

3 點選【按一下以新增標題】方塊，按 Delete 刪除

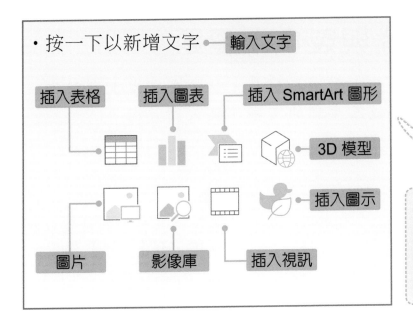

可新增文字,或點一下圖示插入物件,但只能選擇一項。

關於插入圖片,除了可以插入自己準備的圖片,你還可以選擇插入線上圖片喔!詳細步驟,請參考學習影片。

◎ 輸入文字與插入圖片

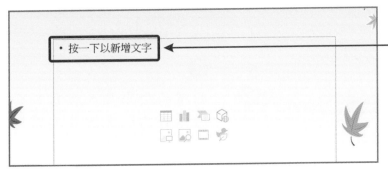

❶

按一下【按一下以新增文字】,按 Backpace 先刪除項目符號,再從老師準備的文字檔,複製貼上文字

❷

文字設定華康中圓體、大小26,縮小文字方塊,再拖曳到圖示位置

❸

按【插入】標籤,插入老師指定的插圖、並安排位置如圖示吧!

(02-驚恐的人-b.png)

5 新增投影片與製作小標題

接著製作保命三步驟的頁面！新增投影片，然後先在左上角製作一個小標題，到下一節再完成三步驟的文字、插入圖片吧！

◎ 新增投影片

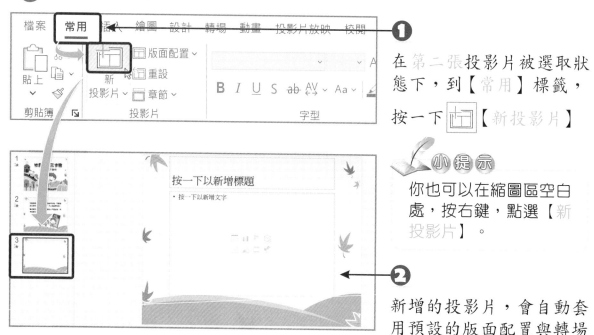

❶ 在第二張投影片被選取狀態下，到【常用】標籤，按一下 【新投影片】

小提示
你也可以在縮圖區空白處，按右鍵，點選【新投影片】。

❷ 新增的投影片，會自動套用預設的版面配置與轉場

◎ 製作小標題

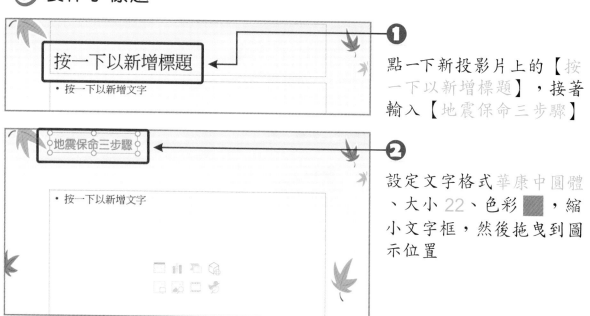

❶ 點一下新投影片上的【按一下以新增標題】，接著輸入【地震保命三步驟】

❷ 設定文字格式華康中圓體、大小 22、色彩 ，縮小文字框，然後拖曳到圖示位置

6 讓文字更有條理 - 項目符號

【項目符號】可以讓條列式的內容更有條理、容易閱讀！還可以將它美化喔！

輸入文字與設定項目符號

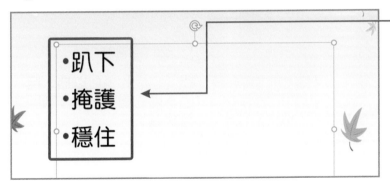

❶

點一下【按一下以新增文字】，接著輸入圖示三行文字

字型 - 華康中圓體
大小 - 44

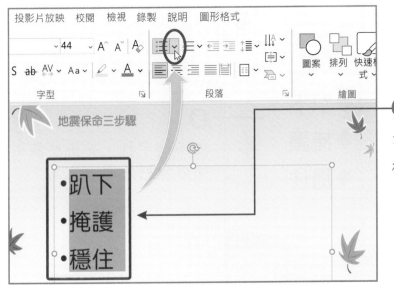

❷

全選文字後，到【常用】標籤下，按 ▤▾ 的 ▾

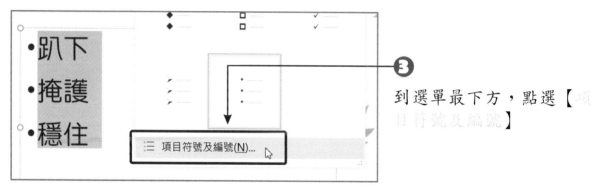

❸

到選單最下方，點選【項目符號及編號】

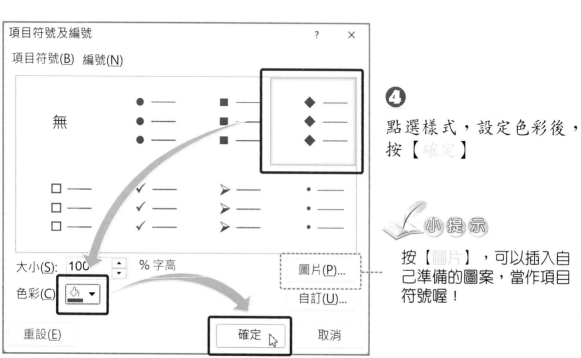

❹

點選樣式，設定色彩後，按【確定】

小提示

按【圖片】，可以插入自己準備的圖案，當作項目符號喔！

❺

縮小文字框，安排整個文字方塊到約圖示位置

插入圖片

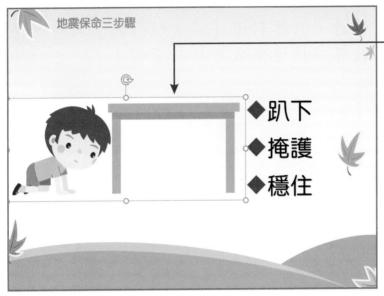

❶
到【插入】標籤下，插入老師指定的圖片，等比例縮放大小，並安排位置如圖示

(02-趴下.png)

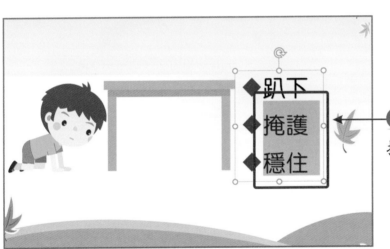

❷
拖曳選取圖示文字

❸
到【常用】標籤下，設定文字顏色為淺灰色，然後取消選取

讓第一行文字最明顯，可以強調插圖的含義喔！

輕鬆再製內頁 - 複製投影片與修改

當頁面的版面編輯一模一樣時，只要利用【複製投影片】再製，然後修改一下圖片與文字，就可以快速完成另外一頁喔！

◎ 複製投影片與變更圖片

❶ 在第三張投影片縮圖上，按右鍵，點選【複製投影片】

到第四張投影片的圖片上，按右鍵，點選【變更圖片 / 從檔案】

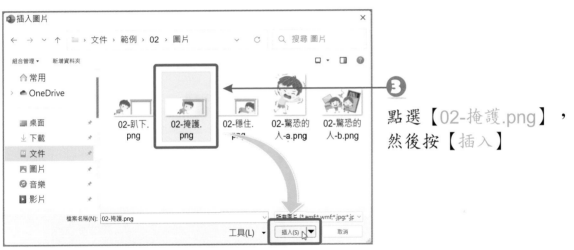

點選【02-掩護.png】，然後按【插入】

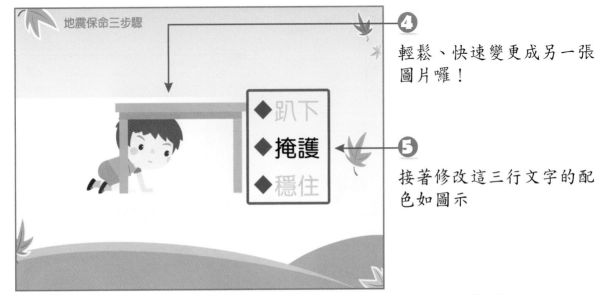

輕鬆、快速變更成另一張圖片囉！

接著修改這三行文字的配色如圖示

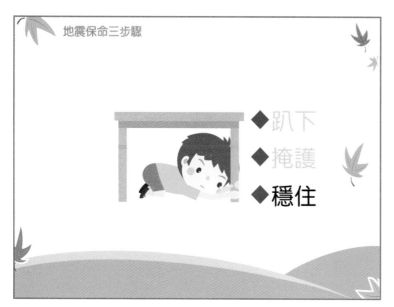

❻

最後再使用 p44～p45 的技巧，如圖示，完成第五張投影片的製作

練習至此，這份【地震保命三步驟】的宣導簡報就完成囉！記得要存檔喔！

❼ 接下來按 F5 播放，觀賞一下成果吧！

　插入線上影片

你還可以將線上影片插入到投影片中喔！例如：

❶ 用瀏覽器開啟【內政部消防署防災館>防災知識>防災影音>宣導影片】頁面，找到【地震時的應變微學習影片】。

❷ 到影片縮圖上，按右鍵，點選【複製連結】。

> 網路資料瞬息萬變，此影片位置不一定會在某固定的頁面上喔！

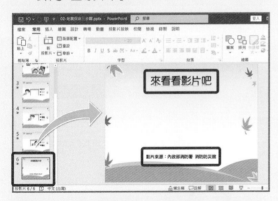

❸ 回到簡報檔案上，新增一張投影片，製作好標題與影片來源標示

❹ 按【插入】標籤，再按【媒體/視訊/線上影片】。

❺ 點一下網址列，按 Ctrl + V 將影片連結貼上，接著按【插入】

❻ 拖曳四個角的控點，縮放影片大小、安排位置，就完成啦！

上台做簡報

往後有機會上台做簡報時，應該注意些什麼，才能有好表現呢？開啟老師準備的【p48-示範-上台做簡報.pptx】觀摩檔案，仔細閱讀、記取要領，你也可以是簡報達人喔！

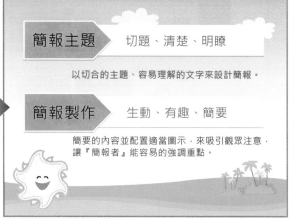

還記得如何操作播放簡報嗎？
到第1課p27複習一下吧！

我 是 高 手　大家一起做環保

開啓本課【02-我是高手-練習小檔案.pptx】，使用複製投影片的技巧，再修改一下文字，將第 2、3 張投影片，從兩頁變成四頁吧！

為了安全防護、防止駭客，開啓含有YouTube影片等媒體或內容的簡報時，會出現安全性警告。確定來源沒問題，就按【啓用内容】。

 練功囉

( )1 下面哪個不是版面設計的要領？

　　1.大又清楚的標題　　2.切題的圖片　　3.版面越花俏越好

( )2 按哪個按鈕，可變成投影片瀏覽模式？

　　1.回　　　　　　2.品　　　　　　3.📖

( )3 按哪個按鈕，可新增投影片？

　　1.▢　　　　　　2.▦　　　　　　3.▱

( )4 想設定項目符號，要按哪個按鈕的下拉方塊？

　　1.☰∨　　　　　2.☰∨　　　　　3.☰∨

 進階練習圖庫　　　範本

在本課的【進階練習圖庫】，有很多【範本】，提供給你做練習喔！

(單張投影片)

(多張投影片)

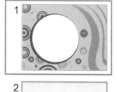

3 校外教學 Let's Go

- 動態影音相簿

 統整課程

英語　藝術　多元文化教育

核心概念

◎ 了解並欣賞科技在藝術創作上的應用

◎ 能利用科技理解與關心本土與國際事務，並認識與包容多元文化

◎ 具備利用科技與他人互動及合作之能力與態度

課程重點

◎ 學會設定不同的專用背景圖

◎ 製作文字藝術師與文字方塊

◎ 學會套用圖片效果

◎ 練習安排圖層、裁剪與群組

◎ 學會插入外部投影片

◎ 學會設定轉場與背景音樂

生活與分享 - 創意相簿簡報

生活中的點點滴滴，我們都能製作成活潑生動的簡報，更可拿來彼此分享喔！這一課就來做一份校外教學創意相簿吧！

活動紀錄

相片寫真

校園生活

2 創意的圖文設計

讓我們設計不同背景的頁面、用漂亮的相框來美化照片，並用中英混用的方式，讓這份校外教學簡報不僅漂亮，還可學英文喔！

中英混用的主標題

封面專用背景

主視覺插圖

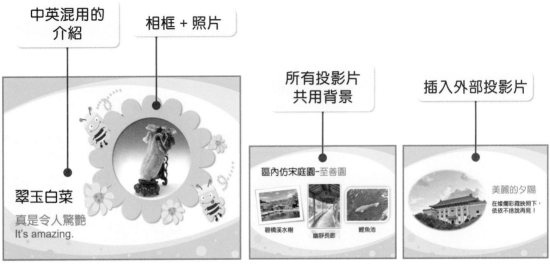

中英混用的介紹

相框 + 照片

所有投影片共用背景

插入外部投影片

◎ 設定不同的背景圖 - 共用與封面專用背景圖

僅用於封面

所有投影片共用

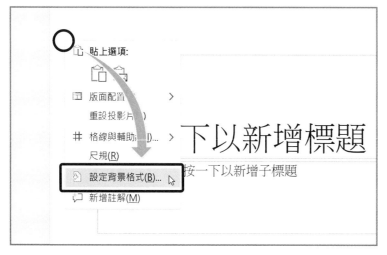

❶ 共用背景圖

新增空白簡報後，到編輯區空白處按右鍵，點選【設定背景格式】

小提示

本課投影片大小，是使用 4:3 來做示範。

❷

A 點選【圖片或材質填滿】

B 按【插入】，再按【從檔案】，開啟老師指定背景圖 (03-共用背景圖.png)

C 按【全部套用】

D 最後按 ⊠ 關閉窗格

3

到【常用】標籤，按 新增一張投影片，看看會不會自動套用剛剛設定的背景圖吧！

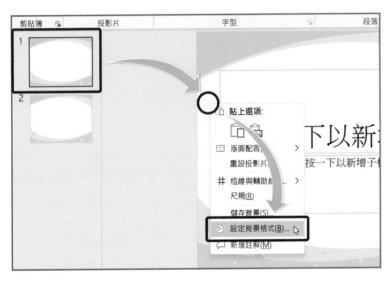

4 封面專用背景圖

點選第1張投影片，使用相同的方法，設定背景圖（03-封面專用背景圖.png）這次不要按【全部套用】

小提示

設定背景圖，其實已經是在設計【母片】。在第7課會有詳細的教學練習。

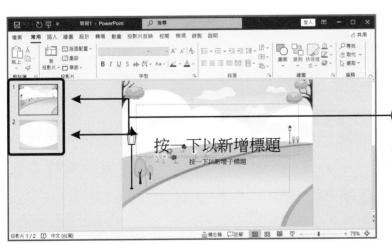

5

成功設定了共用與封面的背景圖！

封面設計 - 標題與圖片效果

校外教學是班級活動，用一張載著同學們的校車當封面主視覺，是最貼切的選擇！加上圖片效果，例如陰影，就更顯得漂亮、有層次！

◎ 用文字藝術師作標題

上一課我們學過從文字方塊變成美術字了，這一課來用另一個方法製作吧！

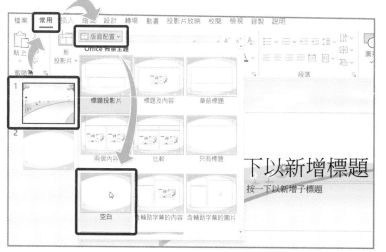

1

點選第一張投影片後，在【常用】標籤下，按【版面配置】，點選空白

空白

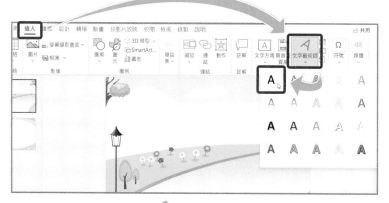

2

按【插入】標籤，再按文字藝術師，點選圖示或你喜歡的樣式

❸ 輸入文字與設定格式

輸入主標題，再到【常用】標籤下，中文字設為華康海報體 Std W12、英文設為 Arial Black，大小皆為 66

小提示

文字可從老師提供的文字檔，複製、貼上。

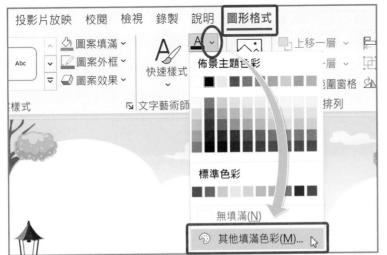

❹ 設定顏色

按【圖形格式】標籤，點 【文字填滿】的 ⌄，選【其他填滿色彩】

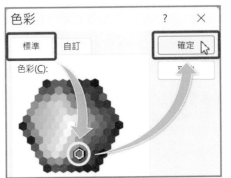

❺

【標準】下，點選 ■，然後按【確定】

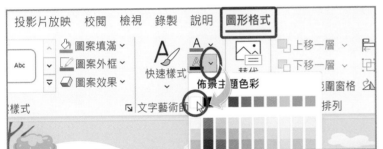

❻ 設定框線顏色

點 ⬛【文字外框】的 ⌄選 ☐

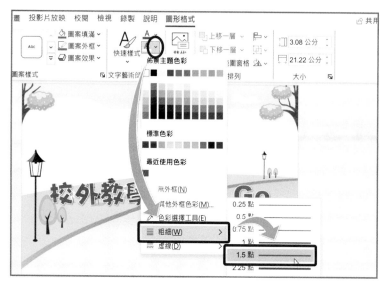

❼ 框線粗細

點 A✓【文字外框】的 ✓

選 ▤ 粗細(W) →【1.5 點】

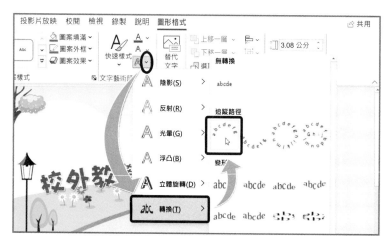

❽ 設定形狀

點 A✓【文字效果】的 ✓

選 abc【轉換】→

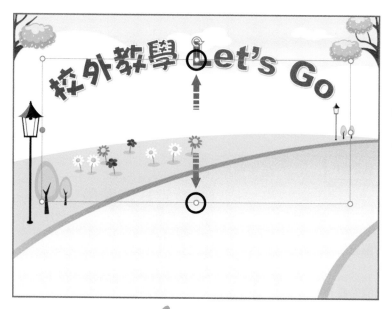

❾

拖曳控點，拉大標題弧度
；按住框線，拖曳位置

🎯 插入主視覺與加上陰影

❶
按【插入】標籤，插入老
師指定的圖片，調整大小
並安排到圖示位置
（ 03-校車.png ）

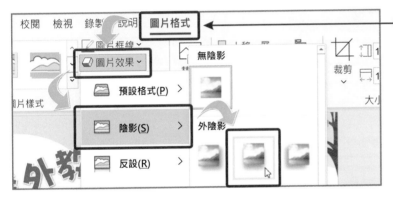

❷
到【圖片格式】標籤，按
【圖片效果 / 陰影】，點
選圖示陰影效果

❸
取消選取，封面大致上已
完成囉！等學會製作文字
方塊後，再回來此頁補上
副標題吧！

為了讓學習更有效率，
在下一節會開啟已預先
做好部分內容的練習小
檔案，來繼續學習。

內頁設計－圖層、剪裁與群組

利用鏤空相框與照片的圖層上下編排與剪裁，可以把普通照片以活潑的方式展示；再群組起來，就更方便一起縮放、移動與旋轉囉！

◎ 開啟練習小檔案與觀察

❶ 關閉所有已開啟的簡報後，開啟老師指定的練習小檔案

(03-練習小檔案-a.pptx)

❷ 點選第二張投影片，標題與內文都是用文字方塊製作的 (這在第 5 節會學到)

小提示

照片的光暈效果，可以仿照 p59 的技巧，到【圖片格式】標籤下的【圖片效果 / 光暈】中設定喔！

❸ 點選第三張投影片，內文 (文字方塊) 與圖片也都預先做好了喔！

插入鏤空相框與照片

鏤空相框加上照片，可以創造更漂亮、活潑的視覺效果喔！在第4張投影片上，製作和第5、6張投影片一樣有趣的照片相框吧！

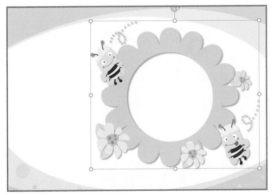

❶ 點選第四張投影片，插入圖示相框，調整大小、安排位置，再加入喜歡的陰影

❷ 接著插入翠玉白菜的照片

安排圖層與裁剪照片

❶

按 下移一層 後，等比例縮小一下照片，然後拖曳照片，讓翠玉白菜主體大約位於圓形框正中央

繼續拖曳四個角的控點，
等比例縮小，直到主體完
整顯示於圓形框中

可使用鍵盤的方向鍵，
微調照片的位置喔！

另外，拖曳照片框上的
🔄，可以旋轉照片！
(文字方塊也適用)

③

在【圖片格式】標籤下，
按一下 ⬜【裁剪】

④

拖曳角落的 ┏ 或四邊中央
的 ━ ┃ 裁剪照片，使符合
相框，之後在照片外點一
下結束裁剪

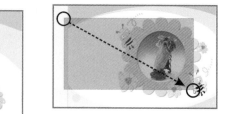

想重新裁剪或選取下層物
件，可用框選方式選取。

⑤

成功將不要的影像裁剪掉
囉！

組成群組

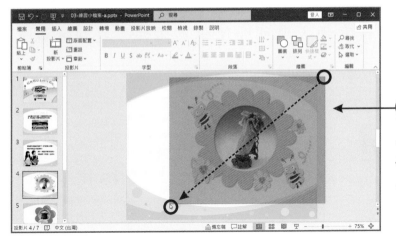

❶

用從編輯區外，按住左鍵拖曳框選相框與照片的方式，複選這兩個物件

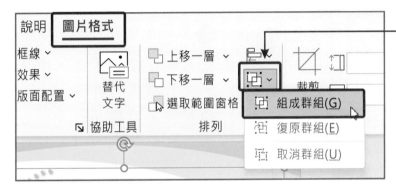

❷

到【圖片格式】標籤下，按 ，點選【組成群組】

小提示

想取消群組，點選 🔲【取消群組】即可。

❸

組成群組後的物件，可防止移動到個別物件，還能一起縮放、移動與旋轉

完成組成群組後，就取消選取吧！

【中英混用】的介紹，不僅有趣，還可順便學英語喔！趕快來做！

翠玉白菜

真是令人驚艷
It's amazing.

肉形石

好想咬它一口
I really want to bite it.

◎ 插入文字方塊

文字方塊，可以讓你自由、靈活地擺放！做標題、做內文都可以！

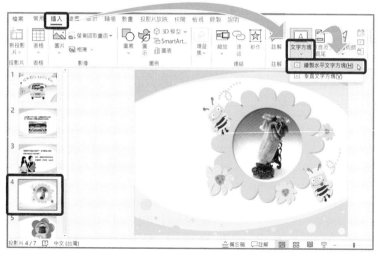

1

在第四張投影片上，按【插入】標籤，再按 [A 文字方塊] 的 [文字方塊]，點選【繪製水平文字方塊】

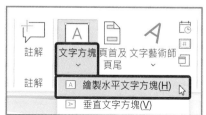

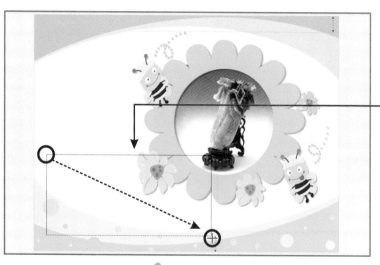

2

在圖示位置，拖曳出一個約圖示大小的文字方塊

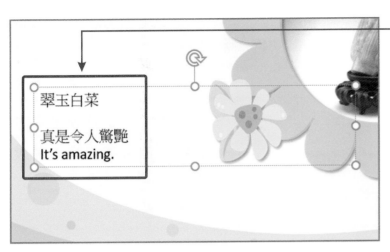

3

接著輸入：
翠玉白菜 (換兩行)
真是令人驚艷 (換行)
It's amazing.

你也可以從老師準備的
文字檔，複製 / 貼上，
完成輸入喔！

4

拖曳選取【翠玉白菜】，
在【常用】標籤下，設定
格式：

字型 - 華康中圓體
大小 - 44
色彩 - ■

5

拖曳選取【真是令人驚艷
】，設定格式：

字型 - 華康中圓體
大小 - 36
色彩 - ■

6

拖曳選取英文字，設定格
式：

字型 - Arial
大小 - 32
色彩 - ■

7 點一下文字方塊的框線，選取整個文字方塊，然後按 Ctrl + C 複製

8 點選第五張投影片，然後按 Ctrl + V 貼上

小提示

用複製貼上的方式，會發現貼上的位置，會跟原投影片上的一模一樣喔！非常方便！

9 接著修改文字內容如圖示

10 使用 **7** ~ **9** 技巧，完成第六張投影片上的文字

小提示

英文字會變成兩行，拖曳右方中央的控點，就可以變回一行。

⓫ 最後記得到第一張投影片上，用文字方塊加上一個副標題喔！

字型 - 華康中圓體

大小 - 36

色彩 - ■

簡報加油站　中翻英

【Google 翻譯】是翻譯的好工具！

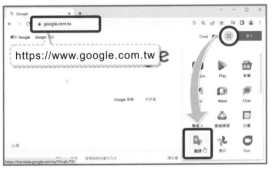

1 到Google首頁，按 (⦂⦂⦂)，點選 翻譯。

2 左邊點選中文(繁體)，右邊點選英文。

3 左欄輸入中文，右欄就會立即出現翻譯後的英文。

4 在英文上按右鍵，點選【複製】，就可貼到簡報或文件上備用。

註：完成的翻譯內容，最好還是請師長確認一下正確性喔！

6 圖片樣式魔法師

PowerPoint 內建很多【圖片樣式】，點選套用一下，就可以讓照片(圖片)瞬間變得更獨特、漂亮喔！

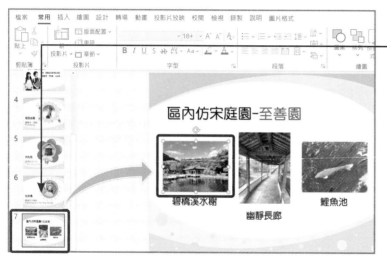

❶ 點選第七張投影片，接著點選左邊的照片

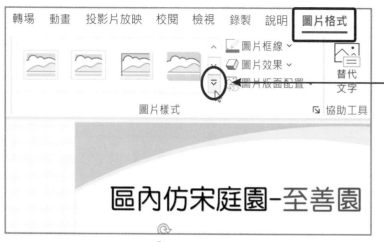

❷ 到【圖片格式】標籤，按圖片樣式項目的 ▽

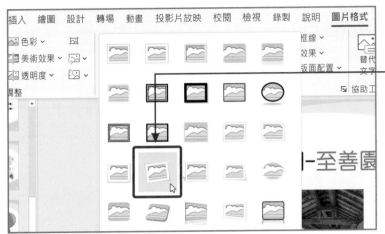

❸
點選圖示或你喜歡的樣式

區內仿宋庭園-至善園

碧橋溪水榭　　幽靜長廊　　鯉魚池

❹
接著為另外兩張照片也加入喜歡的樣式，並調整一下版面上所有物件的位置（約如圖示）

 老師說

調整投影片順序

按 檢視 → 投影片瀏覽，就可用拖曳的方式，調整投影片順序。

按 檢視 → 標準，回到編輯模式。

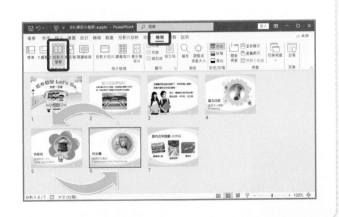

檔案共享與使用 - 插入外部投影片

插入老師、朋友或同學製作的投影片，可讓簡報更豐富、更快速完成！這就是檔案共享概念！(利用此概念，也可共同創作喔！)

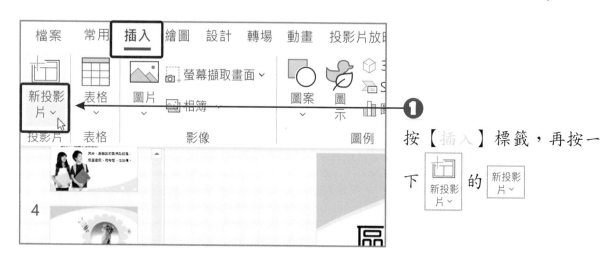

❶ 按【插入】標籤，再按一下 新投影片 的 新投影片

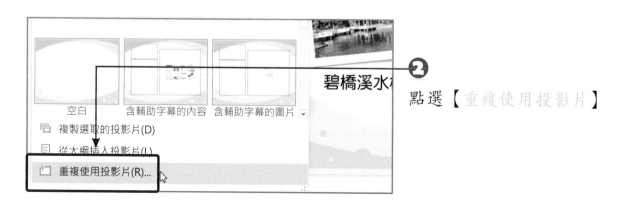

❷ 點選【重複使用投影片】

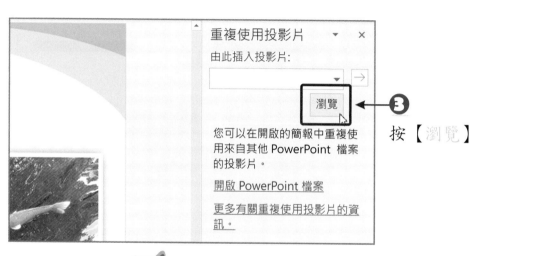

❸ 按【瀏覽】

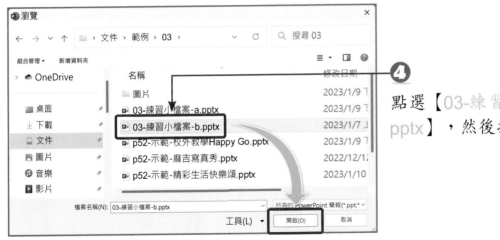

④ 點選【03-練習小檔案-b.pptx】，然後按【開啟】

⑤ 點一下右側投影片縮圖，就可插入到簡報中囉！
(完成插入後，按窗格的 ☒ 將它關閉)

小提示

插入的外部簡報，內容若不只一張投影片，會顯示所有縮圖。這時候一樣用點一下方式，指定插入。

想一想

播放簡報時，總是一張一張突然切換，有沒有更活潑的方式？或者可以有背景音樂嗎？

8 轉場特效與背景音樂

PowerPoint 內建很多【轉場特效】，可以在投影片切換(換頁)時，產生酷炫的動畫效果喔！另外，再加上背景音樂，就是名符其實的動態影音相簿囉！

閃爍

百葉窗

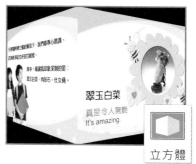

立方體

◎ 設定轉場特效

❶

點選第1張投影片，然後按【轉場】標籤下的 ⌄

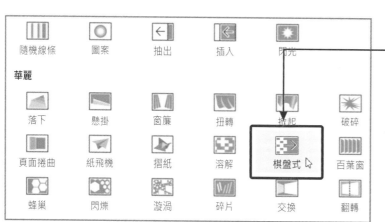

❷

點選喜歡的特效

小提示

轉場特效，可以設定成全部套用，也能逐張設定不同的特效。

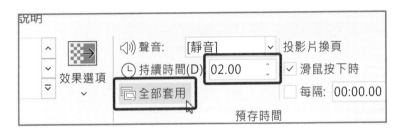

❸

有需要的話，可更改持續時間的秒數，以免特效時間拖得太長

然後按【全部套用】

🎯 加入背景音樂

❶

在第一張投影片上，按【插入】標籤→

→我個人電腦上的音訊
然後插入老師指定的音樂檔案

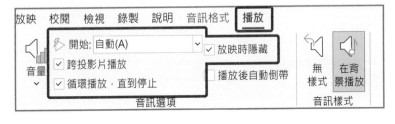

❷

在【播放】下，設定播放方式如圖示
(讓 🔊 播放時隱藏)
然後在編輯區外點一下，取消選取

 老師說

到插入音樂的投影片上，按 🔊，
到【播放】標籤下，再按 修剪音訊，
即可拖曳 ▌與 ▌來剪輯音樂喔！

動態影音相簿完成囉！【另存新檔】後，按 F5 觀賞一下成果吧！

國立故宮博物院

坐落於臺北市士林外雙溪，為在臺灣規模最大的博物館，同時也是古代中國藝術史與漢學研究的重鎮。

在導覽阿姨生動的解說下，我們都專心聽講、認真作筆記並仔細的觀察。

其中，最讓我印象深刻的是：翠玉白菜、肉形石、仕女俑。

翠玉白菜
真是令人驚艷
It's amazing.

肉形石
好想咬它一口
I really want to bite it.

仕女俑
唐朝的大美女
A great beauty of the Tang Dynasty.

區內仿宋庭園-至善園

碧橋溪水榭

幽靜長廊

鯉魚池

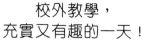
校外教學，
充實又有趣的一天！

美麗的夕陽
在燦爛彩霞映照下，
依依不捨說再見！

我是高手 更換相框加轉場特效

開啟本單元【03-我是高手-練習小檔案.pptx】，試著更換第一張投影片的相框，並將每頁投影片加入不同的轉場特效吧！

示範參考

轉場特效就依你的喜好來挑選吧！

 練功囉

( ) **1** 想插入文字藝術師，要在【插入】中按？

　　1. 　　　2. 　　　3.

( ) **2** 設定文字藝術師的顏色，要按哪個按鈕的下拉方塊？

　　1. 　　　2. 　　　3.

( ) **3** 設定文字藝術師的形狀，要按哪個按鈕的下拉方塊？

　　1. 　　　2. 　　　3.

( ) **4** 想插入文字方塊，要在【插入】中按？

　　1. 　　　2. 　　　3.

 進階練習圖庫　　相框

在本課的【進階練習圖庫】，有很多【相框】提供給你做練習喔！

4 節能減碳做環保

- SmartArt 與網頁超連結

統整課程

自然科學　藝術　環境教育　能源教育

核心概念

◎ 能認識與使用資訊科技以表達想法
◎ 具備運用科技規劃與執行計畫的基本概念，並能應用於日常生活
◎ 能應用運算思維描述問題解決的方法

課程重點

◎ 知道如何發想切題的主視覺
◎ 學會使用內建圖案
◎ 了解如何做圖片去背
◎ 練習製作 SmartArt 圖形
◎ 學會設定網頁超連結

宣導簡報也可以不枯燥

防災、預防疾病、節能減碳…等議題，很容易給人太嚴肅、沉重的感覺。其實只要用可愛的圖案來表現，既可以達到宣導的效果、也能讓氣氛整個活潑起來喔！

2 切題的主視覺 - 圖案與圖片的組合

環保是目前人類要面對的重要課題之一！本課就來製作一份節能減碳做環保的宣導簡報。讓我們從切題的主視覺圖案開始做起吧！

主視覺圖案

用 SmartArt 讓資訊更清晰易懂

單純的文字資訊

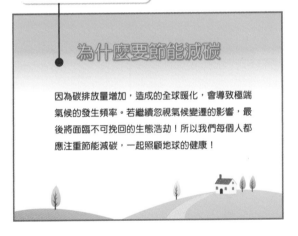

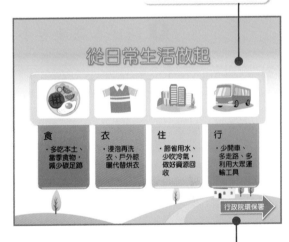

網頁超連結

🎯 發想切題的主視覺

愛護地球，讓地球上場當主角，那是再適合不過啦！

節能減碳的目的，就是保護環境、愛護地球，讓我們先做一個愛心吧！

◎ 使用內建圖案做愛心標誌

PowerPoint 內建了超多美工圖案，可以任你取用與組合喔！

基本圖案

星星及綵帶

箭號圖案

圖說文字

動作按鈕

① 開啟本課練習小檔案

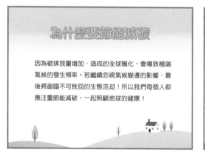

封面
需要加入主視覺圖案

內頁一
已事先編排設計完成

內頁二
需要編輯內容資訊

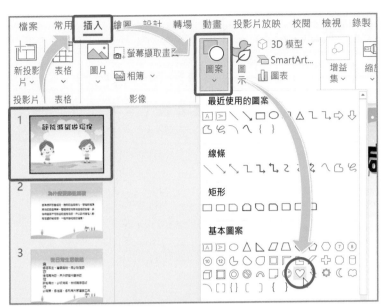

2 繪製愛心

點選第一張投影片,按【插入】標籤,再按圖案,點選 ♡ (心形)

3 拖曳繪製一個愛心

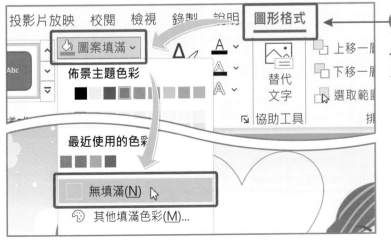

4 設定填滿方式

按【圖形格式】→【圖案填滿】→【無填滿】

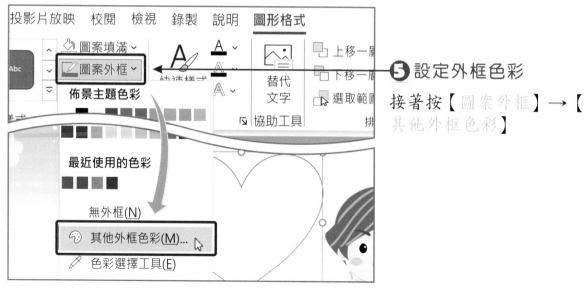

⑤ 設定外框色彩

接著按【圖案外框】→【其他外框色彩】

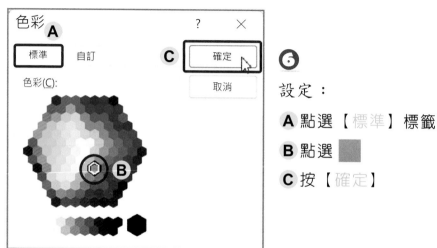

⑥

設定：

Ⓐ 點選【標準】標籤

Ⓑ 點選 ▨

Ⓒ 按【確定】

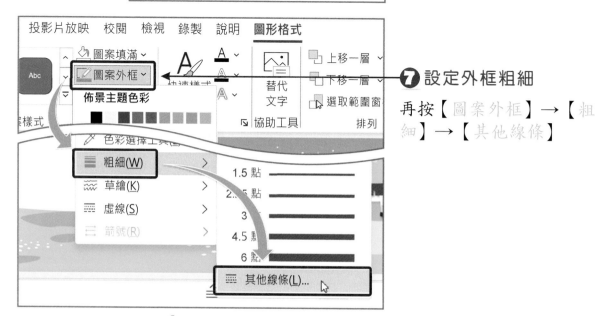

⑦ 設定外框粗細

再按【圖案外框】→【粗細】→【其他線條】

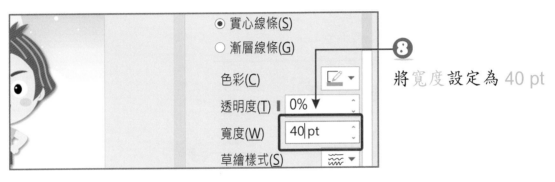

將寬度設定為 40 pt

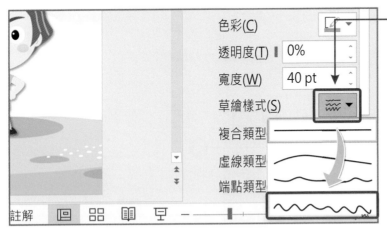

接著按草繪樣式的 〰️▼

，點選 〰️

草繪感覺的愛心，顯得更可愛囉！

設定圖形格式 ✕

圖案選項　文字選項

按一下 ✕，關閉設定窗格

有需要的話，再調整一下大小與位置，愛心標誌就完成囉！

小提示

愛心的草繪形狀，會因大小、拉長與壓扁，而有些許不同喔！

◎ 圖片去背

❶ 插入【04-地球.png】

❷ 到【圖片格式】標籤下，
按一下 移除背景

❸ 要移除的背景會變成紫色。但仔細看一下，手掌與上面的一部分，好像也變成紫色了！

❹ 讓我們按一下 標示要保留的區域

❺

細心、慢慢地將變成紫色
的手掌與上方的缺角處塗
一下

小提示

不小心塗錯，或不滿意
塗的結果，可以按 Ctrl
+ Z 復原後重塗。

❻

手掌與上方缺角處變回黑
、白色後，按一下

真是太厲害了！

❼

等比例縮小地球，並安排
到圖示位置，主視覺圖案
就完成囉！

用 SmartArt 讓資訊更易懂

使用【SmartArt】圖形，可以讓資訊更清晰易懂，版面也能變得更漂亮喔！例如：

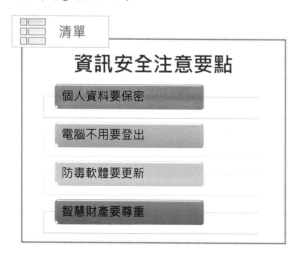

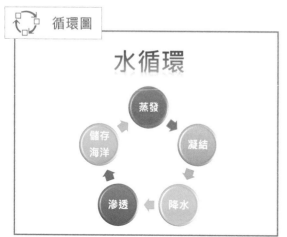

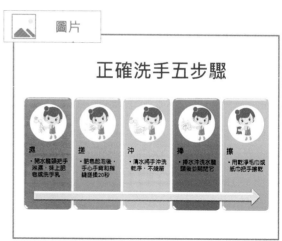

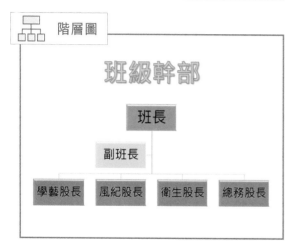

設定清單階層

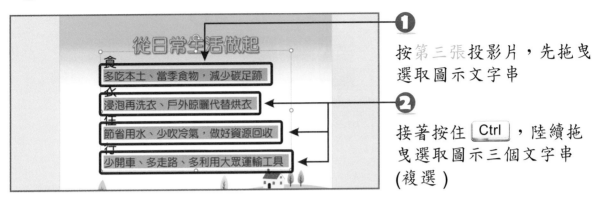

① 按第三張投影片，先拖曳選取圖示文字串

② 接著按住 Ctrl ，陸續拖曳選取圖示三個文字串 (複選)

③ 在【常用】標籤下，按 🔳 (或直接按 Tab)

小提示

按 🔳 或 Shift + Tab ，可減少清單階層。

轉換成 SmartArt 圖形

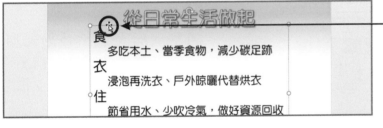

① 點一下框線，選取整個文字方塊

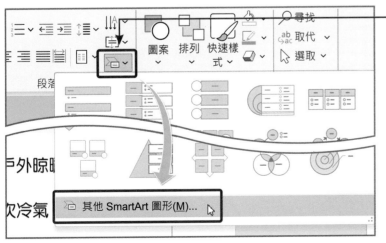

② 在【常用】標籤下，按 🔳 ，然後點選【其他 SmartArt 圖形】

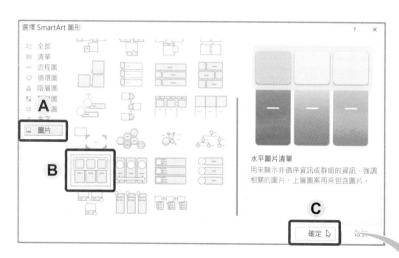

③

選取圖形：

Ⓐ 點選【圖片】種類

Ⓑ 點選 ▦

Ⓒ 按【確定】

🎯 選擇樣式

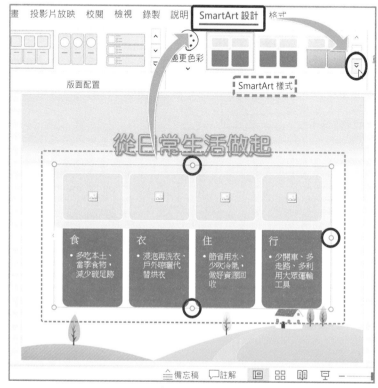

①

調整圖形大小、移動到圖示位置後，在【SmartArt 設計】標籤下，按 SmartArt 樣式的 ▽

②

點選【立體/光澤】樣式，或你喜歡的樣式

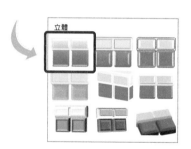

選擇色彩

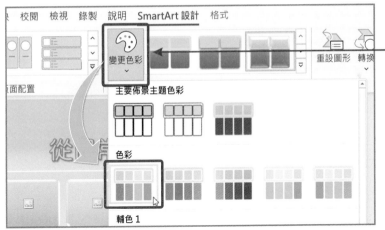

1 按 [變更色彩] ，點選圖示或你喜歡的色彩

設定文字格式

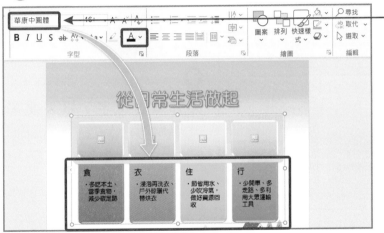

1 到【常用】標籤下，設定字型為華康中圓體、黑色

想個別自訂每個色塊的顏色，可參考學習影片喔！

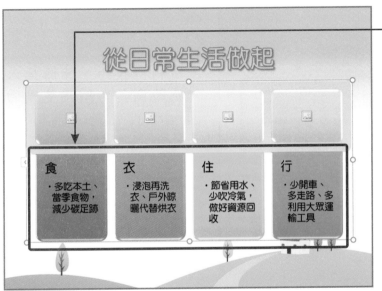

2 接著將食衣住行大小都改為 24，內容文字串大小改為 18

若因更改文字大小，使框內文字變太擠，可拖曳右、中、下控點，橫向放大 SmartArt 圖形，再調整一下位置吧！

◎ 嵌入圖片

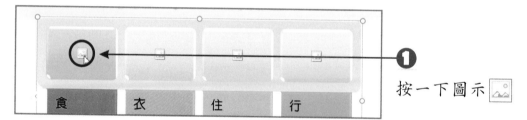

1 按一下圖示 🖼

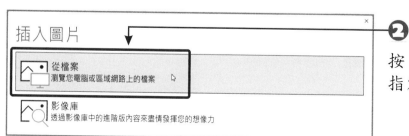

插入圖片

從檔案
瀏覽您電腦或區域網路上的檔案

影像庫
透過影像庫中的進階版內容來盡情發揮您的想像力

2 按【從檔案】，插入老師指定的圖片 (04 - 食.png)

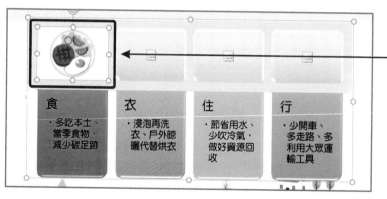

3 圖片結合文字，讓人更容易理解囉！

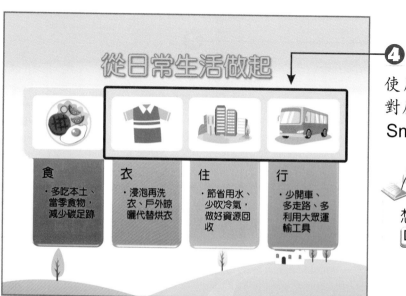

4 使用相同技巧，陸續插入對應的圖片，圖文並茂的 SmartArt 就完成囉！

 小提示

想刪除圖片，點圖片按 Delete 鍵就可以刪除。

4 更多資訊看這裡－網頁超連結

在圖案或文字上都可以加上網頁超連結，按一下就開啟設定的網頁

◎ 製作圖案

1

按【插入】標籤，製作一個如圖示的箭頭圖案

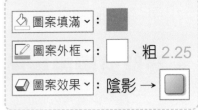

◎ 在圖案上加入文字

1

在箭頭圖案上按右鍵，點選【編輯文字】

2

輸入文字後，在【常用】標籤下，設定格式：

字型 - 華康中圓體

大小 - 18

色彩 - ☐

◎ 加入網頁超連結

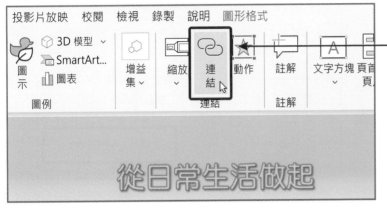

1

點選圖案後，在【插入】標籤下，按 🔗 連結

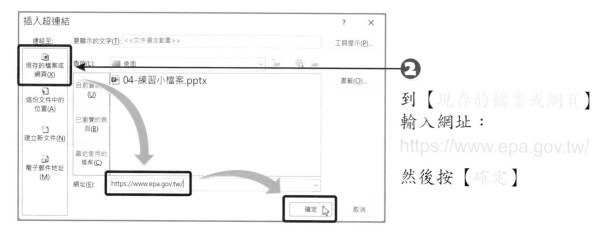

到【現存的檔案或網頁】
輸入網址：
https://www.epa.gov.tw/

然後按【確定】

這份宣導簡報完成囉！【另存新檔】後，按 F5 播放看看成果吧！

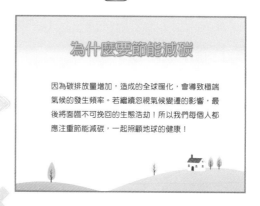

 老師說

播放投影片時，也可以設定
成不用手動操作，讓它自動
播放喔！
詳細步驟請參考學習影片。

🔊 聲音:	[靜音]	⌄	投影片換頁
🕐 持續時間(D):	02.00	⌃⌄	☑ 滑鼠按下時
🗔 全部套用			☑ 每隔: 00:05.00 ⌃⌄
	預存時間		

 我是高手 　製作 SmartArt

開啟本單元【04-我是高手-練習小檔案.pptx】，到第三張投影片，用
SmartArt 來表現出上面的資訊吧！

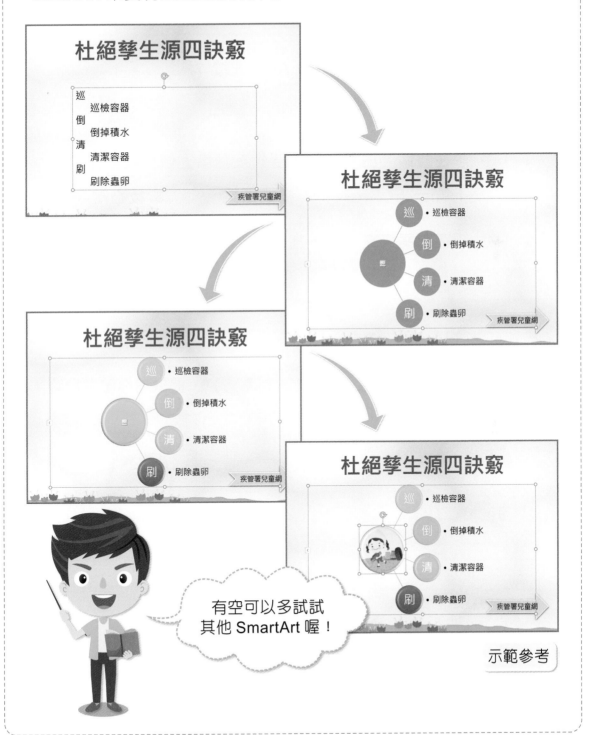

有空可以多試試
其他 SmartArt 喔！

示範參考

 練功囉

( ) 1 想設定圖案的內部顏色，要按？

　　1. 🪣 圖案填滿 ˅　　2. ✏️ 圖案外框 ˅　　3. 🪣 圖案效果 ˅

( ) 2 想將文字轉換成 SmartArt，要按？

　　1.　　　　　　2.　　　　　　3.

( ) 3 想在圖案上加入文字，要先在圖案上做什麼動作？

　　1. 點一下　　　　2. 框選圖案　　　3. 按右鍵

( ) 4 想在圖案或文字上，加上網頁超連結，要按？

　　1.　　　　　　2.　　　　　　3.

 進階練習圖庫　　主題圖片

在本課的【進階練習圖庫】，有【主題圖片】，提供給你做練習喔！

5 個資保護不上當

- 編劇與物件動畫

統整課程

藝術　綜合　安全教育

核心概念

◎ 能認識與使用資訊科技以表達想法

◎ 能保護個人隱私，保障個人生活私密領域免於受到他人侵擾，以及保障個人資料之自主控制

課程重點

◎ 知道動漫腳本設計秘訣

◎ 學會製作說話泡泡

◎ 練習套用內建物件動畫

◎ 學會自訂移動路徑動畫

◎ 學會將簡報變影片

動漫簡報 - 一圖解千文

我們常說《一圖解千文》，有時候一張圖、一句成語、一份簡報，
是最快、最有效的表達方式喔！

四格動漫

2 腳本設計的秘訣

四格動漫腳本的設計，只要根據主題，掌握【起】、【承】、【轉】、【合】的原則，就可以發想出一段完整的腳本(劇情)。例如：

故事的起因

發生什麼事

後續發展或劇情轉折處

結尾 (可以是故事的最高潮)

 老師說

還記得曾經使用【轉場特效】，讓投影片切換時產生動畫效果嗎？
在圖片、圖案、文字上，也可以加上【物件動畫】喔！
物件動起來，【漫畫】就變成活潑生動的【動漫】囉！

搭起表演舞台-人物與劇情

在這網路發達的時代,藉由騙取個資進行騷擾與詐騙的事件層出不窮!本課就來製作一份個資保護的四格動漫簡報吧!

投影片	演員(角色)	動作與說話
起 1	男生	男生發現有抽獎活動,說:哇!填個人資料就可以抽遊戲機耶!我要參加!
承 2	女生、男生	女生出現說出她的困擾與疑惑
轉 3	女生、男生	男生:因為我連你的資料也一起填了呀!對你很好吧?!女生則一臉驚訝!
合 4	女生、男生	女生怒斥男生的危險行為,男生嚇到說:救命呀!手上的飲料也隨著滾落掉到地面

演員調整 - 翻轉物件

為了節省時間，讓我們開啟預先已做好舞台、演員的練習小檔案。

❶ 開啟練習小檔案，檢視一下每張投影片，發現第二張的女生沒有面對男生

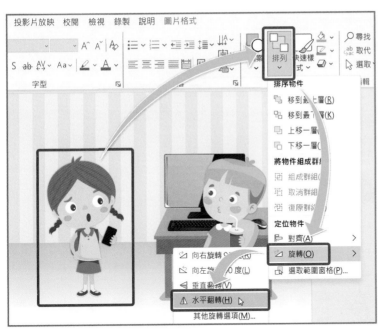

❷ 點選女生，按 ，點選【旋轉/水平翻轉】(左右翻轉)

水平翻轉

垂直翻轉

演員說話囉 – 圖說文字

讓我們用內建的圖說文字，來製作演員說話的泡泡吧！

◎ 插入橢圓形圖說文字

1

點選第一張投影片，按【插入】標籤，按【圖案】，再點選 💬（橢圓形圖說文字），拖曳製作出圖案

2

拖曳 ● 調整尖端位置

◎ 套用圖案樣式

1

在【圖形格式】標籤下，按圖案樣式的 ⌄

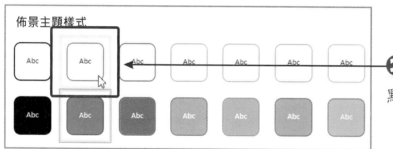

2

點選圖示樣式

◎ 設定粗細與陰影

1

按 🖉圖案外框∨ ，設定粗細

為【2.25 點】

2

按 ⬜圖案效果∨ ，設定陰影

為

◎ 編輯文字

1

在圖案上按右鍵，點選
【編輯文字】，輸入文字
並設定格式

字型 - 華康中圓體
大小 - 24

小提示

文字內容，可從老師提供
的文字檔，複製、貼上。

◎ 複製與貼上

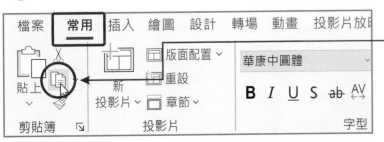

1

圖案在選取狀態下，到【
常用】標籤下，按 📋

❷

點選第二張投影片，按 Ctrl + V 貼上，再調整圖案位置如圖示

> 也可以到左上方按一下
> 📋（貼上）。

拖曳尖端，讓它朝向女生

❸

按【圖形格式】標籤，更改圖案的填滿與外框色彩（如圖示）

🖌 圖案填滿 ∨

✏ 圖案外框 ∨

❹

修改文字內容如圖示，並設定成白色

小 提 示

可以稍微縮小圖案，才不會顯得太大。

❺

到第一張投影片複製圖案，貼到第三張投影片上，然後修改文字與調整圖案大小位置（如圖示）

❻

繼續使用複製 / 貼上的技巧，在第四張投影片上，完成圖案製作 (如圖示)

❼

最後到【插入】標籤下，插入【05-可樂.png】，調整大小、旋轉角度，並安排位置如圖示

每一格的畫面都完成了，下一節將它變成動漫吧！

練習至此，預先【另存新檔】，儲存一下目前的成果吧！

1

2

3

4

5 動漫簡報開麥拉 - 自訂動畫

讓演員與對話，按照劇情順序【動】起來，原本靜止的【漫畫】，就會變成生動活潑的【動漫】囉！

◎ 設定第一張投影片的動畫

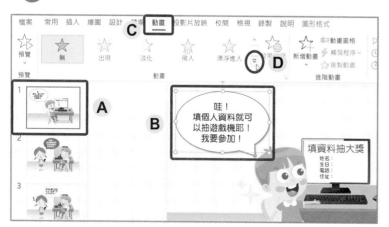

1

點選圖案，做以下動作：

A 點選第一張投影片

B 點選說話泡泡

C 按【動畫】標籤

D 接著按動畫項目的 ∨

2

點選喜歡的動畫效果，例如：

縮放

小提示

點選效果後，會自動播放一次，按一下 ⭐▷ 預覽，可再度播放。

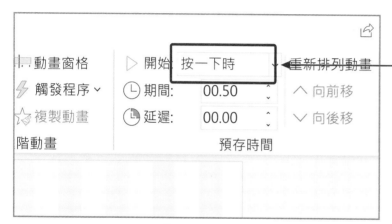

3

想讓觀眾看清楚畫面後才讓人物說話，所以開始設定為【按一下時】

期間(秒數)可視需要自行設定

◎ 設定第二張投影片的動畫

◎ 設定第三張投影片的動畫

4

繼續設定：

A 點選男生

B 點選【翹翹板】效果

C 設定【隨著前動畫】

小 提 示

隨著前動畫 - 與前動畫
同時出現。
接續前動畫 - 前動畫完
成後，才出現此動畫。

1

到第二張投影片，依序設
定動畫：

1 女生 -
彈跳、接續前動畫

2 說話泡泡 -
漂浮進入、接續前動畫

1

到第三張投影片，依序設
定動畫：

1 說話泡泡 -
百葉窗、接續前動畫

2 男生 -
翹翹板、隨著前動畫

◎ 設定第四張投影片的動畫

❶

到第四張投影片，依序設定動畫：

① 說話泡泡 -
放大及旋轉、接續前動畫

② 說話泡泡 -
放大及旋轉、接續前動畫

📖 小 提 示

加入動畫後，還可以按 ，做細部的設定。

❷ 自訂移動路徑動畫

點選可樂圖片，按

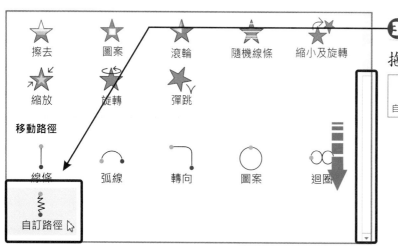

❸

拖曳捲軸，找到並點選
自訂路徑

 ④

按住左鍵，從大約圖示位置，畫出一道約如圖示的路徑 (在終點處點兩下左鍵結束繪製)

小提示

起點最好不要在圖片外，而路徑的形狀可以依自己的喜好來繪製喔！

⑤

完成繪製後，路徑會以虛線來顯示，最後設定為【接續前動畫】

練習至此，這份四格動漫簡報就完成囉！【儲存檔案】後，按 F5 播放一下吧！

 老師說

在【動畫】標籤下，按 [動畫窗格] ，可看到已加入的動畫清單。點選名稱後，按 ▲ ▼ ，能夠調整順序、若按 Delete ，則可刪除。

動畫窗格

▶ 播放自

0 語音泡泡: 橢圓形 8...
語音泡泡: 橢圓形 9...
圖片 10

6 簡報變影片

將簡報匯出成影片，可以在未安裝 PowerPoint 的電腦上播放，也能上傳到 YouTube 分享給大家欣賞喔！

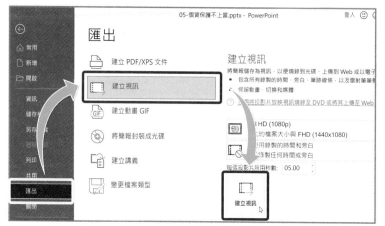

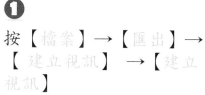

按【檔案】→【匯出】→【建立視訊】→【建立視訊】

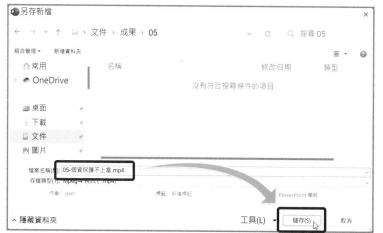

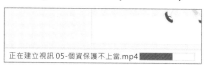

選擇儲存位置、輸入檔名，再按【儲存】，就完成囉！(預設為 mp4 格式)

我是高手 新增動畫

開啟本單元的練習檔案，為上面的物件加入動畫效果吧！

示範參考

懂更多 插入【3D 模型】

PowerPoint 還有一個功能，就是可以插入 3D 模型，讓畫面更有立體感，並增加趣味！詳細步驟，請參考學習影片。

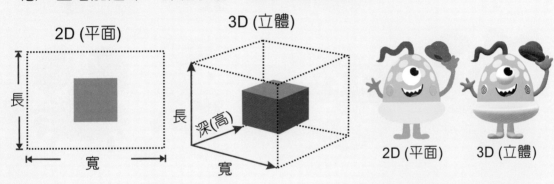

 練功囉

( ) 1 想翻轉圖片，要先按哪個鈕？

1. ▢   2. ▢   3. ▢

( ) 2 想改變圖說文字的尖端位置，要拖曳？

1. ●   2. ○   3. 兩者皆可

( ) 3 想讓兩個物件動畫同時出現，要選？

1. 接續前動畫   2. 隨著前動畫   3. 按一下

( ) 4 想讓物件沿著線條路徑移動，要點選哪種動畫類型？

1. 進入   2. 強調   3. 移動路徑

 進階練習圖庫   卡通人物／3D模型

在本課的【進階練習圖庫】中，有【卡通人物】與【3D 模型】提供給你做練習喔！

6 我是英語小博士

- 互動問答遊戲

統整課程

英語　藝術

核心概念

◎ 能使用資訊科技與他人建立良好的互動關係

◎ 具備科技表達與運算思維的基本素養，並能運用基礎科技與邏輯符號進行人際溝通與概念表達

課程重點

◎ 知道什麼是互動遊戲

◎ 了解問答遊戲的規劃要領

◎ 學會設定美術效果

◎ 學會設定頁面的互動連結

◎ 學會設定轉場音效

簡報也能和觀眾互動

使用【按鈕】與【頁面切換】的連結設定，就可以做出問答遊戲或選單頁面，讓簡報也能【互動】起來喔！

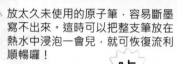

2 問答遊戲的規劃要領

要製作問答遊戲，就要先規劃好【換頁】的流程。例如【答錯了】與【答對了】，各自要【跳換到哪一頁？】

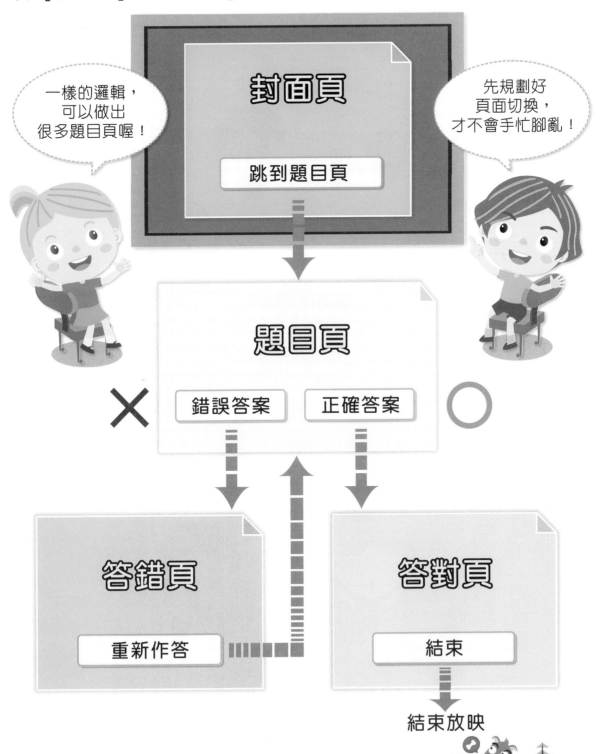

3 設計問答互動

英語是國際通用的語言，所以學習英語是很重要的事喔！本課來製作一份測驗英語單字能力的問答遊戲吧！在練習之前，讓我們先了解一下按鈕與頁面切換的互動規劃：

◎ 插入 GIF 動畫圖片

讓我們插入會動的 GIF 動畫圖片，做出特別的主視覺效果吧！

❶

開啟練習小檔案，點選封面頁 (第一張投影片)

❷

到【插入】標籤下，插入老師指定的 GIF 動畫圖片，然後安排物件的位置

(06-ABC動畫圖片.gif)

哇！
會動的圖片耶！

老師說

在看到下一個影像前，上一個影像還會暫時停留在視網膜上，這就是【視覺暫留】現象。利用這種殘影現象來快速播放圖片，就可以製作出【動畫】囉！

◎ 更改背景美術效果

相同背景下，用點小技巧，可以在答錯頁 (第3張投影片) 上，製造不一樣的視覺效果喔！

點選第三張投影片
(答錯頁)

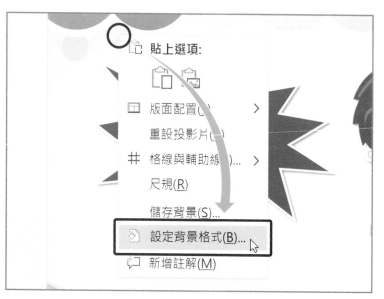

②
在背景上按右鍵，點選
【設定背景格式】

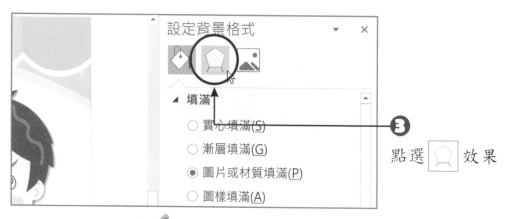

③
點選 ⬠ 效果

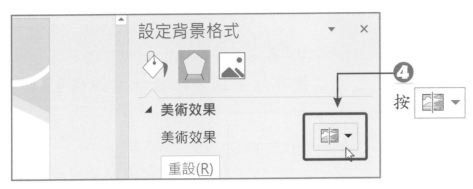

④

按

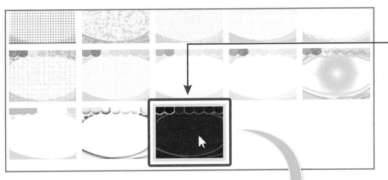

⑤

點選

用暗暗的底圖，
製造答錯的情境，
真是絕配！

 老師說

點選 🖼 圖片，可以在【圖片色彩】下，
設定飽和度與色溫喔！

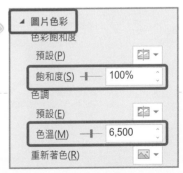

 按鈕設計

我們可以用內建的圖案，也可以搜尋線上圖片來設計按鈕喔！

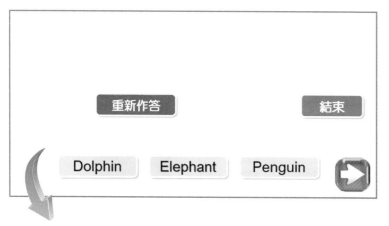

❶

為了節省時間，開啟老師提供的【06-按鈕圖案.pptx】，用複製/貼上的技巧，分別在所屬的投影片上完成按鈕設計吧！

封面頁 (第一張投影片)

題目頁 (第二張投影片)

答錯頁 (第三張投影片)

答對頁 (第四張投影片)

5 頁面切換設定 - 互動連結

【動作】可設定在任一物件(圖案、圖片、文字)上,使被點按時,畫面切換到指定的頁面,或結束播放,例如:

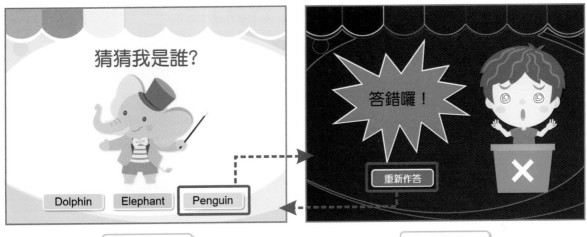

題目頁　　　　　　　　答錯頁

🎯 設定動作(互動)連結

❶ 到封面頁,點選按鈕圖案

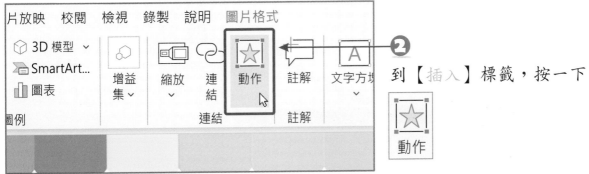

❷ 到【插入】標籤,按一下

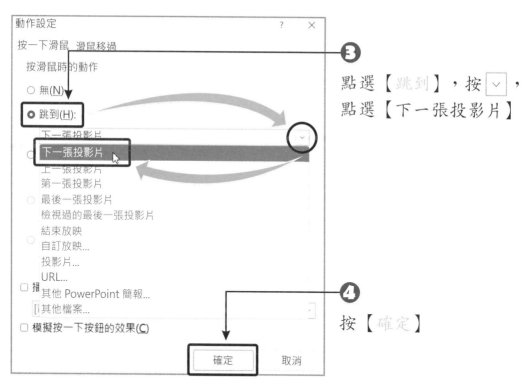

點選【跳到】，按 ∨ ，
點選【下一張投影片】

按【確定】

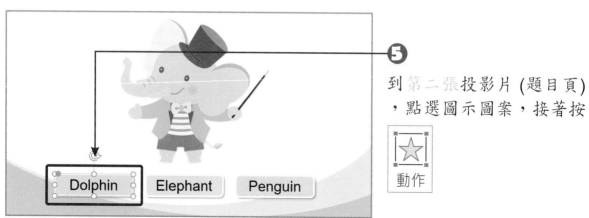

到第二張投影片 (題目頁)
，點選圖示圖案，接著按

☆ 動作

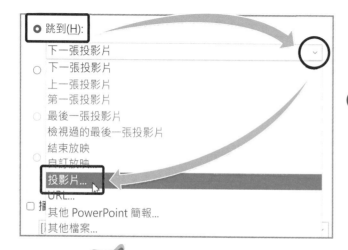

點選【跳到】，按 ∨ ，
點選【投影片...】

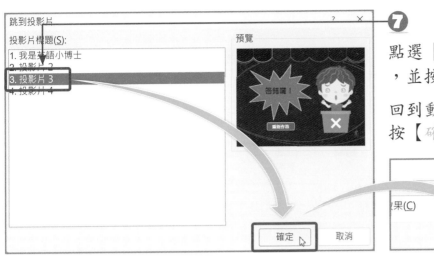

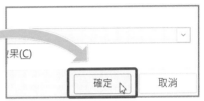

7 點選【投影片3】(答錯頁)，並按【確定】

回到動作設定視窗後，再按【確定】

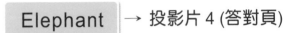

8 接著利用一點時間，設定好其他按鈕的動作連結：

題目頁 (第二張投影片)

Elephant → 投影片 4 (答對頁)

Penguin → 投影片 3 (答錯頁)

重新作答 → 投影片 2 (題目頁)

結束 → 結束放映

答錯頁 (第三張投影片)

答對頁 (第四張投影片)

🎯 取消按一下滑鼠換頁

為避免播放時在螢幕上按滑鼠而換頁,讓我們取消這個預設功能吧!
(滑鼠僅限點按按鈕才換頁)

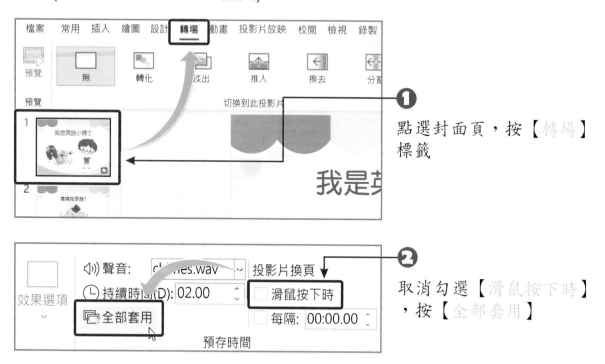

❶
點選封面頁,按【轉場】
標籤

❷
取消勾選【滑鼠按下時】
,按【全部套用】

🎯 設定轉場音效

在頁面切換時加入音效,可以讓問答遊戲的情境更顯有趣喔!

❶
在封面頁上,按 🔊 聲音:
的 ⌄ ,點選【鐘聲】

我是英語小博士

2

題目頁的轉場音效：擊鼓

🔊 聲音:　擊鼓　∨

3

答錯頁的轉場音效：爆炸

🔊 聲音:　爆炸　∨

4

答對頁的轉場音效：鼓掌

🔊 聲音:　鼓掌　∨

搭配音效
感覺更生動
有趣！

123

播放玩遊戲囉！

這份問答簡報完成囉！【另存新檔】後，按 F5 開始玩遊戲吧！

我是高手　設定頁面互動連結

開啟本單元的練習檔案，瀏覽一下簡報的全部內容，為按鈕設定正確的前往頁面吧！

你也可以自己設計題目頁，變成另一個問答遊戲喔！

下一頁 → ？

經常玩手機 → 投影片？

打籃球 → 投影片？

早睡早起 → 投影片？

重新作答 → 投影片？

結束 → ？

 練功囉

( ) 1 設計問答遊戲，首先要規劃好什麼？

　　1.頁面切換流程　　2.按鈕好不好看　　3.畫面美不美

( ) 2 在背景格式中，按哪個按鈕可以更改美術效果？

　　1. 　　　　　2. 　　　　　3.

( ) 3 在哪個標籤下，可設定頁面互動連結？

　　1.常用　　　　　2.轉場　　　　　3.插入

( ) 4 在哪個標籤下，可設定取消按滑鼠換頁？

　　1.常用　　　　　2.轉場　　　　　3.檢視

 進階練習圖庫　　GIF 動畫圖片

在本課的【進階練習圖庫】中，有【GIF 動畫圖片】給你做練習喔！

7 超酷的臺灣民俗

— 母片編輯與網路資源

統整課程

社會　綜合　多元文化教育　閱讀素養教育

核心概念

◎ 網路資料蒐集與分析、整理之方法

◎ 能了解並遵守資訊倫理與使用資訊科技的相關規範

◎ 能認識並遵守著作權

課程重點

◎ 知道如何到網路找資料

◎ 認識創用 CC

◎ 練習設計母片

◎ 學會設定對齊與均分

◎ 學會擷取網路文字與圖片

◎ 學會將圖片裁剪成圖形

臺灣特有民俗-專題介紹

臺灣幅員不大，卻有很多特有民俗。例如迎媽祖、鹽水蜂炮與燒王船...感覺蠻酷的。就讓我們來做一份臺灣特有民俗專題介紹吧！

同學可以用老師的方法，選擇自己最喜歡的三個民俗來做練習喔！

迎媽祖

鹽水蜂炮

燒王船

文字跟圖片要怎麼取得啊？

資料蒐集百寶箱 - 網路

臺灣民俗的資料，要去哪裡找？怎麼找呢？

到【維基百科】就對啦！(首頁網址 https://zh.wikipedia.org/zh-tw/)

就可以找到有關民俗的資料喔！

哇！有文字、也有圖片，超豐富！

取用網路資料，要尊重著作權，並符合創用 CC 的規範！

認識創用 CC - 四個授權要素

創用CC授權條款包括「姓名標示」、「非商業性」、「禁止改作」
以及「相同方式分享」四個授權要素，其意思分別為：

這個圖表示，使用時要註明作者姓名。

這個圖表示，使用在作品時，不可以拿來獲利。

這個圖表示，使用時，只能拷貝，不可以變更或修改。

這個圖表示，使用時，只能依同樣的授權條款來發布該作品。

資料來源網址

維基百科中的圖片、文字內容，都是經過授權，可以分享使用的喔！

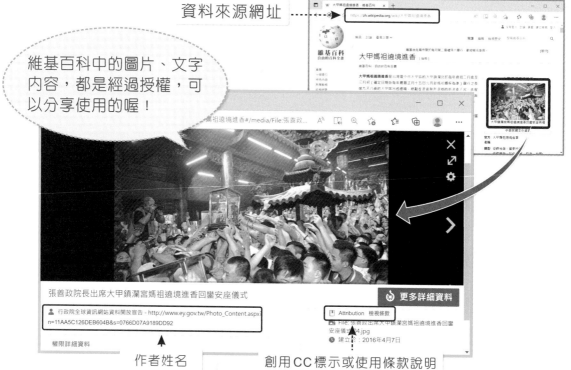

張善政院長出席大甲鎮瀾宮媽祖遶境進香回鑾安座儀式

行政院全球資訊網站資料開放宣告 - http://www.ey.gov.tw/Photo_Content.aspx?n=11AA5C126DEB604B&s=0766D07A9189DD92

權限詳細資料

作者姓名

Attribution 繪製條款

File: 張善政出席大甲鎮瀾宮媽祖遶境進香回鑾安座儀式04.jpg
建立日期：2016年4月7日

更多詳細資料

創用CC標示或使用條款說明

引用時，記得要標示出處。

資料來源：維基百科-大甲媽祖遶境進香
由行政院全球資訊網站資料開放宣告 -
http://www.ey.gov.tw/Photo_Content.aspx?n=11AA5C126DEB604B&s=0766D07A9189DD92,
Attribution, https://commons.wikimedia.org/w/index.php?curid=48804666

想更了解創用 CC，
到以下網站看看吧！

Creative Commons 台灣社群網站：
https://tw.creativecommons.net

2 版面造型師 - 母片設計

母片是一種特別的投影片，在播放簡報，並不會真的顯示出來，但卻會影響每張投影片的風格。在使用新增投影片時，就會根據母片預先設定好的字型、背景、圖案等設定，套用在投影片上。

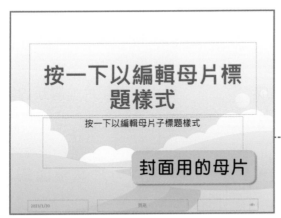

封面用的母片

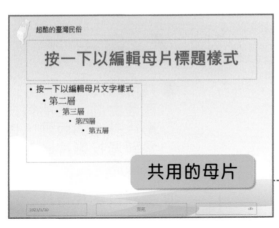

共用的母片

（標題投影片）

封面

（標題及內容投影片）

內頁

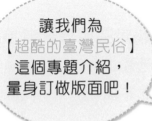

讓我們為【超酷的臺灣民俗】這個專題介紹，量身訂做版面吧！

內頁

內頁

◎ 編輯共用母片

讓我們從統籌所有投影片的共用母片開始設計吧！

母片編輯區

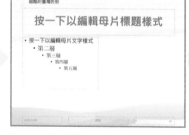
編輯完成

套用到投影片並編輯內容

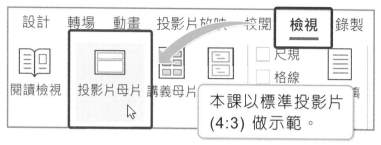

本課以標準投影片 (4:3) 做示範。

❶ 進入母片編輯模式

新增簡報，到【檢視】標籤下，按【投影片母片】

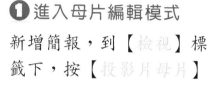
小提示

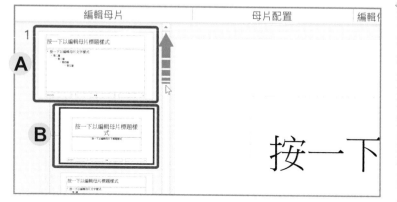

A 共用母片
在最上面，是所有投影片共用的版面，也是新增投影片時的預設版面。

B 標題投影片母片
是第1張投影片(封面)的版面。

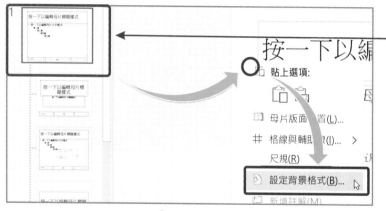

❷ 設定共用母片背景圖

點選最上方的投影片

然後在編輯區按右鍵，點選【設定背景格式】

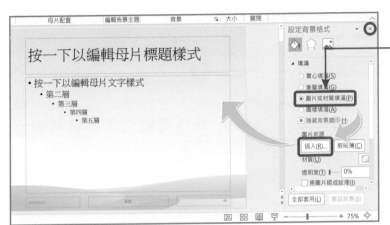

❸ 點選【圖片或材質填滿】，再按【插入】，插入老師指定的圖片
（07-共用背景圖.png）

然後按 ⊠ 關閉窗格

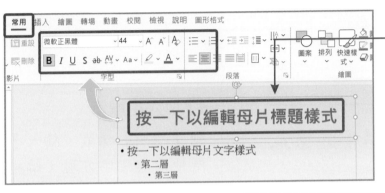

❹ 設定文字格式

全選標題樣式的文字，到【常用】標籤，設定格式

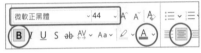

❺ 選取第一層內文的文字，設定格式

> 注意
>
> 共用母片是對應標題及內容這個版面所設計的。選用其它版面，文字大小可能會自動變更。

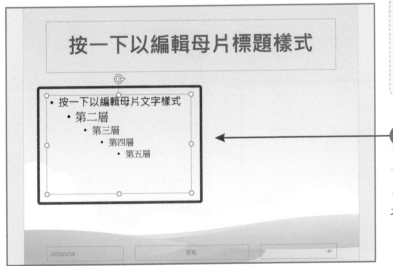

❻ 編輯版面

為了方便將來在右方插入圖片，縮小內文的文字方塊，並移動到約圖示位置

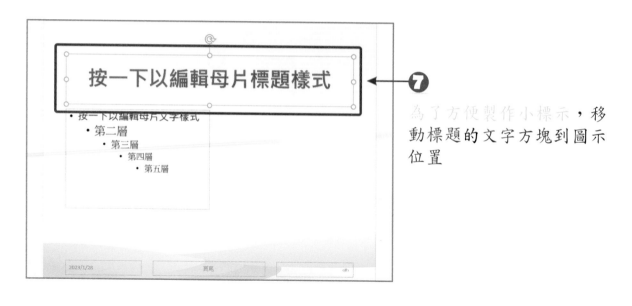

7

為了方便製作小標示,移動標題的文字方塊到圖示位置

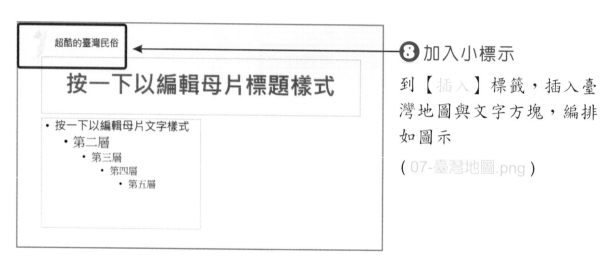

8 加入小標示

到【插入】標籤,插入臺灣地圖與文字方塊,編排如圖示

(07-臺灣地圖.png)

🎯 編輯標題投影片母片

1

到縮圖區,點選第二張投影片,接著設定背景圖

(07-封面用背景圖.png)

> 注意到了嗎?設定了共用母片後,其他母片的字型、顏色、大小等,也會做相對應的變換。

2

到【投影片母片】標籤，
勾選【隱藏背景圖形】(
小標示會被隱藏)，再按

關閉母
片檢視

📖 小提示

想設計第二套母片，可在
母片縮圖上按右鍵，點選
【插入投影片母片】。

◎ 母片的套用

母片設計好囉！一起來看看套用後的成果吧！

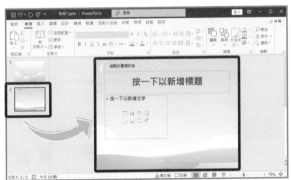

1 簡報的第一張投影片，會自動套
用剛剛設計的標題投影片母片

2 之後新增的投影片，都會自動套
用共用母片

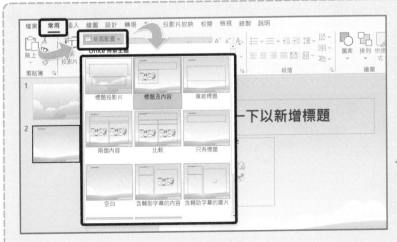

想變換母片或版面配
置，可在【常用】標
籤下，按【版面配置】
進行點選。

📖 小提示

若有第二套母片，也會
出現在這裡讓你點選。

對齊與均分 – 乖乖排排站

利用對齊、均分，可讓物件簡單快速地整齊排列，更顯美觀喔！

 對齊與均分

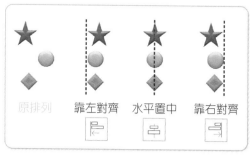

❶

開啟老師準備的【07-練習小檔案-a.pptx】

哇！
標題用的圖案排得歪歪扭扭的！

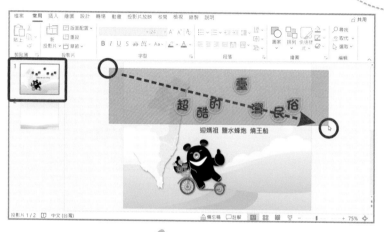

❷

在第一張投影片上，框選所有淚滴形圖案 (不要框選到下方的副標題喔！)

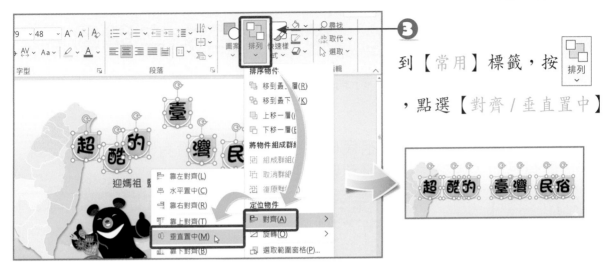

到【常用】標籤，按 排列，點選【對齊 / 垂直置中】

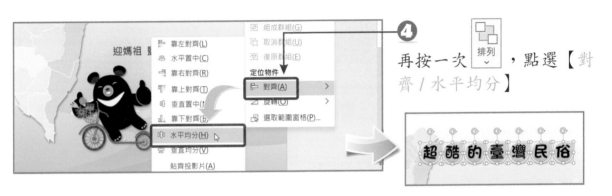

再按一次 排列，點選【對齊 / 水平均分】

接著使用鍵盤的 ⬇，向下移動標題到圖示位置

4 網路幫幫忙 - 擷取網頁文字與圖片

要開始製作內頁囉！讓我們到【維基百科】找資料吧！

◎ 搜尋想要的資料

臺灣很多地方都有迎媽祖民俗，到維基百科看看有哪些，並且找到最有名的大甲媽祖繞境資料吧！

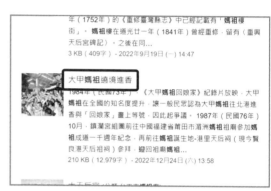

1 用瀏覽器開啓維基百科網站後，輸入關鍵字迎媽祖，按 🔍 搜尋。

2 拖曳捲軸瀏覽網頁，找到並點選大甲媽祖繞境進香。

3 找到臺灣迎媽祖民俗中，最有名的大甲媽祖繞境資料囉！

> 哇！介紹得好詳細喔！

◎ 擷取文字與應用

維基百科，自由的百科全書

大甲媽祖遶境進香是台灣臺中市大甲區的大甲鎮瀾宮於每年農曆二月底至三月初（確定日期依每年農曆正月十五日元宵節媽祖擲杯為準）舉行之長達九天八夜的大甲媽出巡遶境，終點在嘉義縣新港鄉的新港奉天宮，去程駐駕廟宇依序為彰化南瑤宮、西螺福興宮；返程駐駕廟宇依序為西螺福興宮、北斗奠安宮、彰化天后宮、清水朝興宮，每年來回徒步約340公里，是全台灣最盛大的遶境活動。

該活動於2010年經行政院文建會指定為「中華民國無形文化資產民俗類重要民俗之一」[1]。

1 拖曳選取網頁上圖示的文字，然後按 Ctrl + C (複製)

> 複製的文字，可直接貼到簡報中，也可以貼到文件上（例如 Word）編修一下、儲存備用。

2 切換回 PowerPoint，點一下第二張投影片的 按一下以新增文字

- 大甲媽祖遶境進香是台灣臺中市大甲區的大甲鎮瀾宮於每年農曆二月底至三月初（確定日期依每年農曆正月十五日元宵節媽祖擲杯為準）舉行之長達九天八夜的大甲媽出巡遶境，終點在嘉義縣新港鄉的新港奉天宮，駐駕廟宇依序為彰化南西螺福興宮；返程駐駕依序為西螺福興宮、北安宮、彰化天后宮、清水朝興宮，每年來回徒步約340

貼上選項：

3 按 Ctrl + V 貼上，然後按 📋(Ctrl)▾，點選 📋A (只保留文字)

> 在母片中已設定了字型，所以即使選擇只保留文字，字型還是會依母片所設計呈現；但大小可能會有所變動。

最有名的是大甲媽祖遶境進香。大甲鎮瀾宮每年農曆二月底至三月初舉行長達九天八夜的出巡遶境。終點在嘉義縣新港鄉新港奉天宮。來回徒步約340公里，是全台灣最盛大的遶境活動。

4 最後，再修改一下文字內容，並設定大小為 22 (如圖示)

A 紅毛城古蹟區包含紅毛城主堡、前英國領事官邸以及清治時期所建造的南門。其中紅毛城主堡是臺灣最古老的完整建築物。

📄 **使用目的佈景主題**
綜合網頁的排版格式以及 PowerPoint 文件的格式，也會保留超連結等設定。

B 紅毛城古蹟區包含紅毛城主堡、前英國領事官邸以及清治時期所建造的南門。其中紅毛城主堡是臺灣最古老的完整建築物。

📋 **保留來源格式設定**
保留原來網站的文字格式，包含文字、大小和超連結....等。

C 紅毛城古蹟區包含紅毛城主堡、前英國領事官邸以及清治時期所建造的南門。其中紅毛城主堡是臺灣最古老的完整建築物。

📋A **只保留文字 (純文字)**
如果完全不想要保留網頁文字的格式，可以用「只保留文字」的方式貼上。

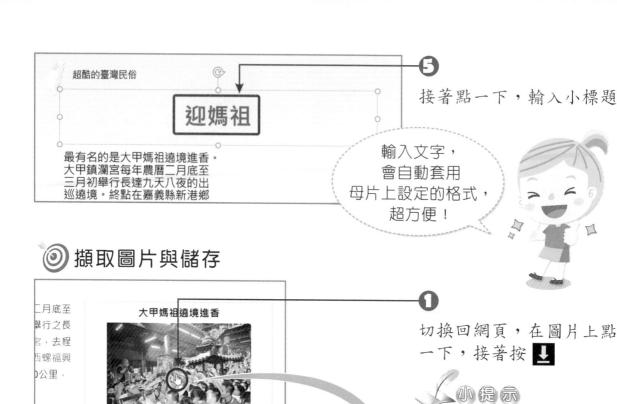

接著點一下，輸入小標題

輸入文字，
會自動套用
母片上設定的格式，
超方便！

◎ 擷取圖片與儲存

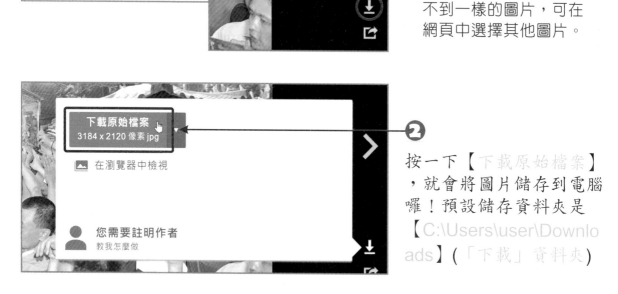

切換回網頁，在圖片上點一下，接著按 ⬇

小提示

網路瞬息萬變，如果找不到一樣的圖片，可在網頁中選擇其他圖片。

按一下【下載原始檔案】，就會將圖片儲存到電腦囉！預設儲存資料夾是【C:\Users\user\Downloads】(「下載」資料夾)

老師說

除了下載圖片到電腦，還可以用【螢幕擷取畫面】的功能，直接擷取網頁畫面喔！

方法參考學習影片。

圖片裁剪成圖形

四四方方的圖片，有時總覺得乏味！讓我們將圖片裁剪成圖形，就可以改變形狀，視覺上更活潑喔！

1

在第二張投影片上，插入上一節下載的圖片，並縮小、調整位置如圖示

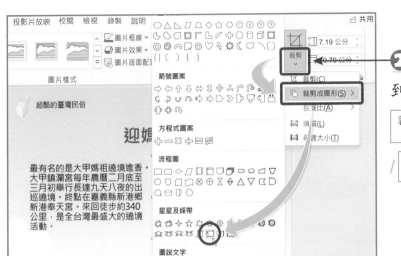

2

到【圖片格式】標籤，按 裁剪 ，點選【裁剪成圖形】

❸

接著再調整一下圖片位置、並加上陰影，然後插入一個文字方塊，標示資料來源

加陰影效果，
在第三課p59 就學過囉！

網頁超連結，
在第四課p91 也學過囉！

🎯 合併完成簡報

除了一張張編輯投影片外，你還可以合併整合同學們的作品，快速完成更豐富的簡報喔！

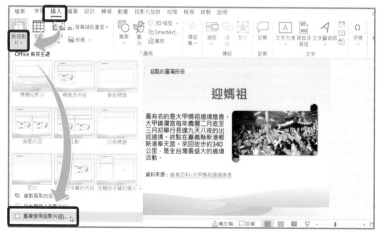

❶

到【插入】標籤，按一下 新投影片，點選【重複使用投影片】

然後開啟已製作好內容的【07-練習小檔案-b.pptx】

如何插入外部簡報檔，在第三課第七節也學過囉！

❷

成功插入兩張內頁，合併外部的簡報進來囉！

這份專題介紹完成囉！【另存新檔】後，按 F5 播放看看吧！

哇！學習到很多關於臺灣民俗的知識！

 我 是 高 手　加上創用 CC 的授權標示

以這一課的練習成果，加上圖片作者創用 CC 的授權資料吧！

❶ 到網頁，點圖片按 ⬇️，按【您需要註明作者】。

❷ 接著按 🗐 複製文字。

❸ 回到練習成果，插入文字方塊，貼上剛複製的文字並設定格式，就完成囉！

 練功囉

( ) **1** 下面哪一個是製作簡報的好幫手？

　　1. 網路　　　　　　2. 電視　　　　　　3. 畫冊

( ) **2** 在維基百科中，下載圖片要按哪一個圖示？

　　1. 　　　　2. 　　　　3.

( ) **3** 要設計母片，要先點選哪個標籤？

　　1. 常用　　　　　　2. 設計　　　　　　3. 檢視

( ) **4** 想將圖片裁剪成圖形，要按？

　　1. 圖片框線　　2. 圖片效果　　3. 裁剪

進階練習圖庫　　背景圖

在本課的【進階練習圖庫】中，有【背景圖】提供給你做練習喔！

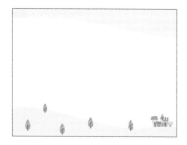

8 太陽系家族大探索

- 專題報告

統整課程

國語　自然科學　閱讀素養教育

核心概念

◎ 具備科技表達與運算思維的基本素養

◎ 能認識與使用資訊科技以表達想法

◎ 能利用資訊科技分享學習資源與心得

課程重點

◎ 知道專題報告的準備工作

◎ 練習用 Word 撰寫大綱

◎ 學會將文件變成簡報大綱

◎ 學會插入 Excel 圖表

◎ 學會製作簡單表格

認識我們的太陽系

浩瀚無垠的宇宙，存在著超多的星系，而我們人類所居住的地球，就位於太陽系裡。可是什麼是【太陽系】？太陽系中有多少個行星呢？...這一課就讓我們來做一份探索太陽系的簡報吧！

常聽到太陽系中有八大行星，他們的名稱各是什麼呢？

八大行星的體積各是多大？與太陽距離遠近排序如何？

製作專題報告前的準備工作

| 問題界定 | ----- | 什麼是太陽系?太陽系中有幾個行星?行星體積大小?與太陽距離遠近順序? |

| 定義主題 | ----- | 以【太陽系家族大探索】為主題,探討太陽系的構成、成員與未來願景。 |

| 尋找答案 | ----- | 上網搜尋相關資料與統計數據,並且多方翻閱各種研究報告。 |

| 運用資訊 | ----- | 大量閱讀蒐集到的資料,淘汰不正確的、保存有用的。 |

| 分類整合 | ----- | 互相討論與分類,整理成有條理的資料,分享給大家。 |

蒐集資料,並利用電腦進行簡報設計,找出【問題】、以電腦科學的基本概念思維模式來【解決】就是運算思維喔!

文字

統計數據

圖片

2 用 Word 撰寫大綱與內文

撰寫文案時，用設定【標題】、【副標題】樣式的方式，就可編排出標題、副標題與內文的階層。之後匯入到簡報中，就會自動產生一頁頁投影片喔！讓我們來看看範例吧！

❶ 開啟老師準備的專題報告文案 (08-太陽系家族大探索.docx)

太陽系家族大探索

認識我們的太陽系

A 報告封面
輸入標題後，
換行輸入副標題

什麼是太陽系

太陽系是一個受太陽重力約束在一起的恆星系統，包括太陽以及直接或間接圍繞太陽運動的天體。在直接圍繞太陽運動的天體中，最大的八顆被稱為行星。

太陽系家族成員

八大行星體積比較(由小至大)

八大行星與太陽距離(由近到遠)

B 報告內文

太陽系的探索

至今已有越來越多的衛星與太空船，繼續探索著太陽系。藉由這些探索之旅，希望可以滿足我們對太陽系的了解！

C 結語
輸入結論或感想

文案要 **簡** 潔，
不是在寫小說喔！

 小提示

- 標題選用【標題】樣式
- 內文與副標題選用【副標題】樣式
- 全部 ≡ 靠左對齊

AaBbCcDdEe	AaBbCcDdEe
標題	副標題

③ 從大綱匯入文件檔

用Word撰寫文案並編排好階層囉！將它匯入到簡報中，看看會發生什麼神奇的事情吧！

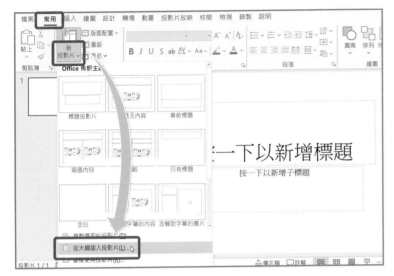

❶

啟動 PowerPoint 或新增空白簡報 (4:3)

到【常用】標籤，按一下 新 投影片 ，點選【從大綱插入投影片】

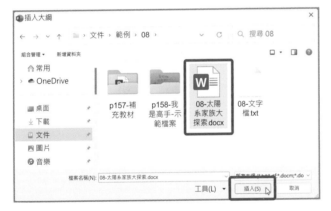

❷

點選老師指定的 Word 文件檔，按【插入】

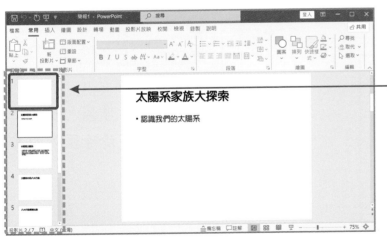

❸

依文件的編排，自動產生一頁頁的投影片囉！

點選第一張空白的投影片，按 Delete 將它刪除

◎ 從大綱清除格式

匯入文件檔變成投影片後，必須再到大綱模式下清除格式，才能對應母片的文字格式設定。

❶

到【檢視】標籤，按【大綱模式】

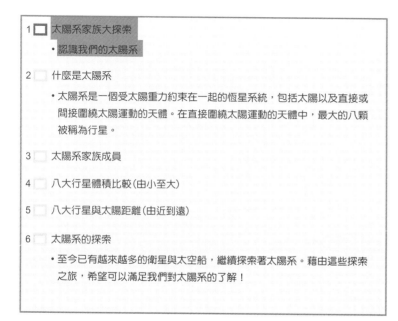

❷

看到大綱階層依照文件檔的設定，列出標題、副標題與內文

小提示

- 點一下指定插入點，按 Enter 可新增項目。

- 到【常用】標籤，按 Tab 或 ⇥ 可向右(下)降階。

- 到【常用】標籤，按 ⇤ 或 Shift + Tab 可向左(上)升階。

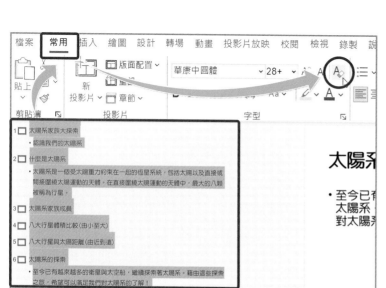

❸

按 Ctrl + A 全選

到【常用】標籤，按一下 A✐ ，即可清除匯入的文字格式

🎯 觀摩母片設計

完成格式清除後，就可以開始設計母片囉！
讓我們開啓已經打好內容的練習小檔案：

 ①

 ②

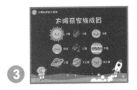 ③

 ④

 ⑤

 ⑥

到【檢視】標籤，按【投影片母片】，先觀摩、並檢視一下完成了哪些母片設定，到下一節再繼續做練習：

 小提示

母片設計，在第7課就學過了，不再重複做練習。

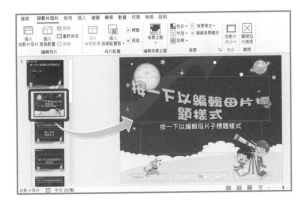

① 最上方的母片

統籌所有投影片的共用母片，
設定有：

● 背景 (專題報告內頁用)
● 文字格式
● 小標示 (左上方專題名稱)

② 第2張母片

封面用的標題投影片母片，
設定有：

● 背景 (專題報告封面用)
● 文字格式

4 圖表與表格－複雜資料簡單化

使用【圖表】與【表格】，可以讓人快速了解複雜的資料喔！

圖表

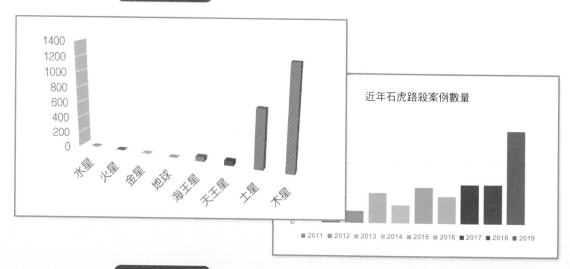

近年石虎路殺案例數量

■ 2011 ■ 2012 ■ 2013 ■ 2014 ■ 2015 ■ 2016 ■ 2017 ■ 2018 ■ 2019

表格

	太陽
最近	水星
2	金星
3	地球
4	火星
5	木星
6	土星
7	天王星
最遠	海王星

如何保護石虎
認識、宣傳石虎
監督大小開發案
減速慢行不路殺
不使用獸夾、毒餌
友善石虎農作物
不放養、棄養寵物

清清楚楚，
一目了然！

接下來要練習在第四、五張投影片中，插入圖表與製作表格，來完成這份【太陽系家族大探索】專題報告吧！

🎯 插入 Excel 圖表（編輯第四張投影片）

在 Excel 製作的圖表，也可以複製 / 貼上到簡報中喔！

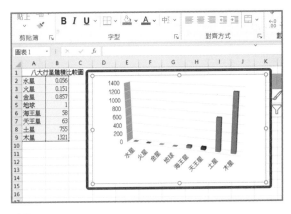

1 開啟老師準備的 Excel 檔案，點選圖表後，按 `Ctrl` + `C` 複製

2 切換回 PowerPoint，點選第四張投影片，然後按 `Ctrl` + `V` 貼上

3 拖曳控點，放大 Excel 圖表，並安排到圖示位置

 老師說

在 PowerPoint 中，也可以直接製作圖表喔！
方法參考學習影片。

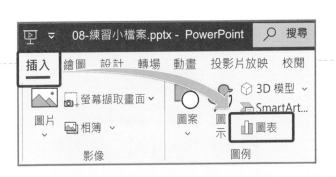

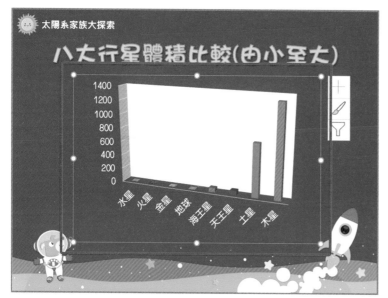

❹

點選框線(選取圖表),到
【常用】標籤,設定文字
格式

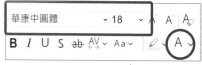

字型 - 華康中圓體
大小 - 18
色彩 - ☐ (白色)

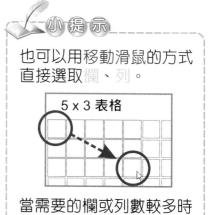

◎ 製作表格(編輯第五張投影片)

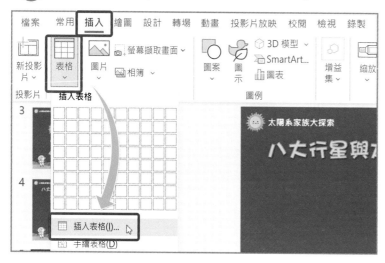

❶

點選第五張投影片,然後
到【插入】標籤,按一下

 ,點選【插入表格】

小提示

也可以用移動滑鼠的方式
直接選取欄、列。

5 x 3 表格

當需要的欄或列數較多時
,就必須用輸入的方式。

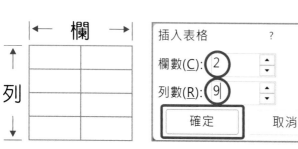

❷ 欄數輸入【2】、列數輸入【9】
,然後按【確定】(製作一個2欄9列的表格)

154

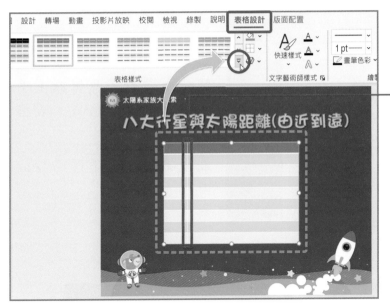

3 調整表格大小、位置，再拖曳表格中線到圖示位置

接著到【表格設計】標籤，按一下表格樣式的 ⌄

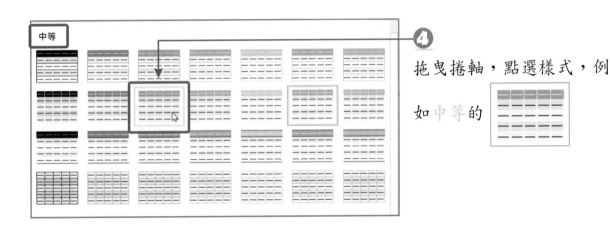

4 拖曳捲軸，點選樣式，例如中等的

5 到【版面配置】標籤，按 ☰ 與 ▤，讓文字置中對齊儲存格

    ☰ 左右置中

    ▤ 上下置中

	太陽
最近	水星
2	金星
3	地球
4	火星
5	木星
6	土星
7	天王星
最遠	海王星

❻

開啟文字檔，複製貼上文字，然後設定格式，表格就製作完成啦！

最後再設定一下轉場特效

這份專題報告完成囉！【另存新檔】後，按 F5 播放看看吧！

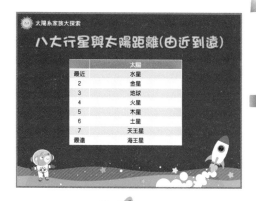

簡報加油站 雲端硬碟與 Google 簡報

【Google雲端硬碟】是 Google 雲端服務之一。它能透過各種裝置，隨時隨地存取、跟朋友分享檔案資料。

更棒的是，還可在線上啟動【Google 簡報】，直接編輯一張張的投影片喔！想進一步學習，請參考補充教材。

(所有裝置，即時同步資料。)

老師說

將簡報匯出成 PDF

按【檔案】→【匯出】，再依圖示步驟，就可將簡報匯出成【PDF】檔，變成電子書喔！

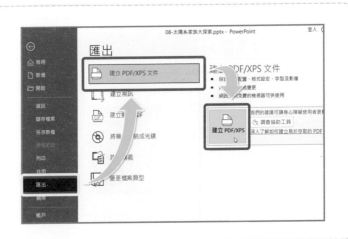

開啓本課我是高手示範檔案，觀摩一下其他主題的專題報告吧！

(示範1)

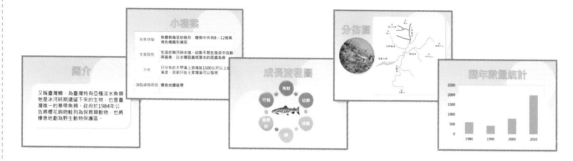

(示範2)

 練功囉

( ) 1 蒐集資料的目的，最重要的是什麼？

　　1. 尋求解答　　　　2. 越多越好　　　　3. 越難越好

( ) 2 在 PowerPoint 中，想插入表格時，要按？

　　1. 　　　2. 　　　3.

( ) 3 使用什麼可以把複雜的資訊變簡單、易懂？

　　1. 圖表　　　　　　2. 表格　　　　　　3. 以上皆是

( ) 4 在哪個標籤下，可以設定文字置中對齊儲存格？

　　1. 版面配置　　　　2. 表格設計　　　　3. 校閱

練習至此，你已學會各式各樣的簡報編輯囉！發揮巧思、善用工具，編輯簡報其實既簡單又有趣！期待大家都變成簡報達人喔！

PowerPoint 2021 簡報超簡單

作　　者： 小石頭編輯群・夏天工作室
發 行 人： 吳如璧
出 版 者： 小石頭文化有限公司
　　　　　 Stone Culture Company
地　　址： 臺北市內湖區康寧路三段22-1號2樓
電　　話： (02) 2630-6172
傳　　真： (02) 2634-0166
E - mail ： stone.book@msa.hinet.net
郵政帳戶： 小石頭文化有限公司
帳　　號： 19708977

圖書編號：SA46
ISBN：978-626-95017-5-5

致力於環保，本書原料和生產，均採對環境友好的方式：
・日本進口無氯製程的生態紙張
・Soy Ink 黃豆生質油墨
・環保無毒的水性上光
SAVE WORLD

PRINTED WITH SOY INK
ECO-PULP
エコパルプ

國家圖書館出版品預行編目(CIP)資料　　定價 320 元 ・ 2023 年 04 月　初版

PowerPoint 2021 簡報超簡單 /
小石頭編輯群・夏天工作室 編著
-- 臺北市：小石頭文化，2023 .04
　　　　面；　公分
　　ISBN 978-626-95017-5-5 (平裝)

1. CST : 電腦教育　　　　3. CST : 小學教育
2. CST : PowerPoint 2021 (電腦程式)

523.38　　　　　　　　　　112004224

為尊重智慧財產權，特將本書中所引用的商標、商標所屬公司列示如下：
・Microsoft PowerPoint 2021 是 Microsoft Corporation 的所有權
・Google Chrome 是 Google Inc. 的所有權
・Microsoft Windows 11 是 Microsoft Corporation 的商標及所有權
・石虎插畫的版權為俄羅斯設計師 卡佳 Katya Molodtsova 的所有權
其他各產品、軟體、肖像及引用網頁畫面、網址，著作權各為其所屬公司所有，以及該公司所有之註冊商標。

書局總經銷：
聯合發行股份有限公司
電話: (02) 2917-8022

學校發行：
校園文化事業有限公司
電話: (02) 2659-8855

零售郵購：
服務專線: (02) 2630-6172